Erik van Slooten

Stundenastrologie in der Praxis

Erik van Slooten

Stundenastrologie
in der Praxis

Ebertin
Freiburg im Breisgau

Die Deutsche Bibliothek – CIP-Einheitsaufnahme

Ein Titeldatensatz für diese Publikation ist bei
Der Deutschen Bibliothek erhältlich

Mit 35 Horoskopabbildungen von Martin Garms

1. Auflage 2001
ISBN 3-87186-103-0
© 2001 by Ebertin Verlag, Freiburg i. Br.

Satz: CSF · ComputerSatz GmbH, Freiburg i. Br.
Umschlag: Ulrike M. Bürger, München
Druck und Bindung: fgb · freiburger graphische betriebe, Freiburg i. Br.
www.fgb.de
Printed in Germany

Für meine Mutter

Inhalt

Einführung 11

TEIL I
DIE STUNDENASTROLOGISCHE PRAXIS

1. Der schnelle Einstieg: Astrologie als erste Hilfe 15
Horoskop Fall 1:»Wo ist meine Frau? Kommt sie zurück?« 15 –
Die Frage 15 – Widerspiegelung der Frage im Horoskop 15 –
Nur wenige Planeten 16 – Kommt sie zurück? 16 – Wo ist sie? 16
– Wann kommt sie zurück? 17 – Die klassische Perspektive 17 –
Erste Hilfe bei konkreten Fragen 18

2. Astrologie zum Anfassen:
Konkrete Antworten auf konkrete Fragen 19
Konkrete Fragen 19 – Sinnvolle konkrete Prognose 19 –
Berührungsängste 20 – Stundenastrologie ist klassische
Astrologie 20
Horoskop Fall 2:»Wurde mein Geldbeutel in der S-Bahn
gestohlen?« 22

3. Ein harmonisches Paar:
Stundenastrologie und Geburtsastrologie 26
Die Unterschiede 26 – Die exakte»Geburtszeit« der Frage 26 –
Beschränkte Wirkungsdauer 27 – Keine»ganzheitliche« Deutung
27 – Dynamische Deutung 27 – Traditionelle Regeln 28 –
Deutungseinschränkungen 28
Horoskope Fall 3:»Soll ich kündigen wegen eines launischen
Chefs?« (3a) und Radix (3b) 30

4. Die Beratungspraxis 35
Arbeitsplatz 35 – Erreichbarkeit 35 – Beratungstermin 36 –
Gemeinschaftspraxis 36 – Honorar 36
Horoskop Fall 4:»Zur Beerdigung?« 39

5. Die Fragen 43
Fragen, die man nicht beantworten sollte 43 – Widerspiegelung
44 – Wirkungsdauer von Stundenhoroskopen 45 – Telefonische
Fragen 45 – Anrufbeantworter 46 – Schriftliche und
elektronische Fragen 46 – Ihre eigenen Fragen 46 – Lebenshilfe
46 – Eigenverantwortung 47
Horoskop Fall 5: *»Wer hat Recht?«* 48

TEIL II
BERECHNUNG UND DEUTUNG

6. Die Berechnung des Stundenhoroskops 53
Horoskop-Ort 53 – Häusersysteme 53 – Drehung des Horoskops
54 – Planeten 54 – Mondknoten 55 – Glückspunkt 55 – Keine
Aspekteintragung 55 – Geschwindigkeit der Planeten 56 –
Stundenherrscher 56 – Würden, Antiszien usw. 56 – Breite und
Deklination 56 – Fixsterne? 57
Horoskop Fall 6: *»Kunstreise nach Frankreich?«* 58

7. Grundregeln der Deutung 61
Signifikatorenbestimmung 61 – Zuordnungen der Signifikatoren
pro Haus 62 – Aspektbildung 64 – Der Mond 65 – Antiszien
und Contra-Antiszien 65 – Orben und »Moieties« 66
Horoskop Fall 7: *»Soll ich weiter kämpfen?«* 68

8. Wer gewinnt? Die Kräfteverhältnisse der Planeten 73
»Gut« und »schlecht«, »stark« und »schwach« 73 – Tagplaneten
und Nachtplaneten 75 – Taghoroskope und Nachthoroskope 75
– Natur der Planeten und der Tierkreiszeichen 75 – Wohltäter
und Übeltäter 75 – Dispositoren 76 – Domizil und Erhöhung 76
– Exil und Fall 77 – Triplizität 78 – Grenzen 79 – Gesichter oder
Dekanate 80 – Peregrinität 81 – Rezeption 81 – Bewertung der
Würden 82 – Freuden 83 – Männliche und weibliche Planeten
und Tierkreiszeichen 84 – Planeten an den Achsen oder in
Eckhäusern 84 – Die Geschwindigkeit der Planeten 84 –
Rückläufigkeit 85 – Verbrennung, unter den Strahlen der Sonne
85 – Die Unglückshäuser 6, 8 und 12 86 – Belagerung 86 –
Planeten in eingeschlossenen Zeichen 87 – Kritische Grade 87 –
Planeten im Leerlauf 88
Horoskop Fall 8: *»Befriedigender Vertragsabschluss?«* 89

TEIL III
BESONDERE THEMEN

9. **Wann? Die Zeitfrage** 93
Welche Methode? Die Qual der Wahl 93 – Die »Generally
Accepted Measure of Time« 93 -Zeitbestimmung 95
Horoskop Fall 9: *»Wohnungskauf?«* 96

10. **Wo? Die Frage nach verschwundenen Gegenständen,
Tieren und Menschen** 102
Widersprüchliche Regeln 102 – Signifikatorenbestimmung 102
– Erfolg bei der Suche? 103 – Wo soll man suchen? 105 – Eine
alternative Suchmethode 107 – Farben 107
Horoskop Fall 10: *»Wo ist mein Auto?«* 109

11. **Ein Leckerbissen für Fortgeschrittene: Die
Stundenherrscher** 113
Berechnung der Stundenherrscher 113 – Der Stundenherrscher
im Fragehoroskop 115
Horoskop Fall 11: *»Alternative Praxis?«* 118

12. **Stundenastrologie und Lebensberatung** 121
Negative Antworten 121 – Lebenshilfe 121 – Methode 122
Horoskope Fall 12: *»Spirituelle Therapie?«* (12a) 123 und
Radix (12b) 126

13. **Fragen nach dem Tod** 129
Tabuthema Tod 129 – Astrologische Berufsethik 130 – Der Tod
in der Stundenastrologie 130 -Todesprognose 130 – Zwei
Fragen 131
Horoskop Fall 13: *»Stirbt meine Tante?«* 132

14. **Drei besondere Formen der medizinischen Stunden-
astrologie: Decumbitur, Konsultationshoroskop und
Elektion** 137
Horoskop Fall 14: *»Decumbitur«* 136
Das Decumbitur 137
Horoskop Fall 15: *»Konsultationshoroskop«* 140
Das Konsultationshoroskop 141
Elektionen 142
Horoskop Fall 16: *»Operationstermin«* 144
Horoskop Fall 17: *»Elektion OP-Termine«* 146

15. **Zwei Meisterstücke:
Die Deutungen von William Lilly** 148
William Lilly 150

Horoskop 18: Geburtshoroskop William Lilly 150
Zwei Lilly-Horoskope 151 – Das erste Horoskop 151
Horoskop 19: »*Werde ich wieder gesund?*« 152
Das zweite Horoskop 155
Horoskop 20: »*Wo ist mein Bruder?*« 156

TEIL IV
BEISPIELE UND ÜBUNGEN

Vorbemerkung 163

Checkliste 165

Horoskope mit Schwierigkeitsgrad 1 166
Horoskop 21: »*Werde ich die Stelle in Spanien bekommen?*« 168
Horoskop 22: »*Werde ich entlassen?*« 173
Horoskop 23: »*Soll ich die angebotene Summe akzeptieren?*« 177
Horoskop 24: »*Wird M. um meine Hand anhalten?*« 181

Horoskope mit Schwierigkeitsgrad 2
Horoskop 25: »*Soll ich heute diese Aktien kaufen?*« 186
Horoskop 26: »*Soll mein Sohn weiterhin Antibiotika nehmen?*« 191
Horoskop 27: »*Soll ich mich an der Lenden-Wirbelsäule operieren
        lassen?*« 196
Horoskop 28: »*Wo ist meine Schildkröte?*« 200

Horoskope mit Schwierigkeitsgrad 3
Horoskop 29: »*Werde ich eine Wohnung in der Altstadt Venedigs
        finden?*«204
Horoskop 30: »*Wird es zu einer neuen Begegnung kommen?*« 211
Horoskop 31: »*Ist mein Mann in Gefahr?*« 214
Horoskop 32: »*Ist der Flug gefährlich?*« 218

Bibliografie 223

Alphabetisches Register 225

Der Autor 227

Einführung

Seit 1994 mein *Lehrbuch der Stundenastrologie* erschienen ist, habe ich viele neue stundenastrologische Erfahrungen gesammelt, über die ich eine Reihe von Artikeln und anderen Beiträgen veröffentlicht habe. Insbesondere denke ich hier an meine Rubrik *Die Kunst der Stundenastrologie*, die ich in der astrologischen Fachzeitschrift *Meridian* in den Jahren 1996 bis 2000 betreuen durfte. Es freut mich besonders, dass die zwölf Folgen dieser Rubrik, zusammen mit anderen Materialien, die ich im Laufe der letzten sieben Jahre gesammelt habe, in einer angepassten und aktualisierten Form jetzt in diesem neuen Buch vereinigt werden konnten.

Noch mehr als bei meinem ersten Buch habe ich versucht, ein praktisches Werk zu schreiben. Neu in diesem Buch sind u. a. die Hinweise zur Führung einer stundenastrologischen Praxis, die ausführliche Behandlung der Kräfteverhältnisse der Planeten, die Zeitbestimmung in Stundenhoroskopen, die Fragen nach verschwundenen Gegenständen, Tieren und Menschen, die Bedeutung der Stundenherrscher, das Tabuthema Tod in der Stundenastrologie, drei besondere Formen der medizinischen Stundenastrologie und noch einiges mehr. Ein besonderes Kapitel widme ich der Arbeitsmethode des großen englischen Stundenastrologen William Lilly. Jedes Kapitel schließt mit einem Stundenhoroskop ab, das die behandelte Theorie veranschaulicht. Im vierten Teil, *Beispiele und Übungen*, habe ich die Horoskope nach drei Schwierigkeitsgraden gegliedert, damit Sie als Leser die Technik selbst üben können.

Zweifellos hat sich das Ansehen der Stundenastrologie im deutschsprachigen Raum in den letzten Jahren stark verbessert. Immer mehr seriöse Astrologen, darunter auch geprüfte Astrologen im Deutschen Astrologen-Verband, bekennen sich zur Stundenastrologie und wenden diese Technik in ihrer Beratungspraxis an. Das ist eine erfreuliche Entwicklung. Meine stundenastrologische Gemeinschaftspraxis führe ich zusammen mit Renate Anraths und Barbara Treichel. Diesen beiden Kolleginnen bin ich für die freundschaftliche Zusammenarbeit und die inspirierenden Anregungen dankbar. Auch spreche ich Anne Schneider, 2. Vorsitzende im DAV und gute Kennerin der englischen stundenastrologischen Literatur, für ihre Unterstützung meine Anerkennung aus. Ich danke der DAV-Sektion »Klassische und Stundenastrologie« und dem Münchener »Stammtisch für Stundenastrologie« für den regen Gedankenaustausch und die oft recht interessanten Beispielhoroskope, von denen ich einige in dieses Buch aufgenommen habe. Markus Jehle und Martin Garms danke ich für ihre Betreuung und Hilfe bei der Geburt dieses neuen Buches. Schließlich danke ich meinen Klienten für ihr Vertrauen. Ohne sie hätte dieses Buch nicht entstehen können.

Ich hoffe, dass *Stundenastrologie in der Praxis* seinen Weg zu vielen seriösen Astrologen finden wird.

Neubiberg bei München,   Erik van Slooten
Januar 2001

Teil I

Die stundenastrologische Praxis

Horoskop 1
»Wo ist meine Frau? Kommt sie zurück?«

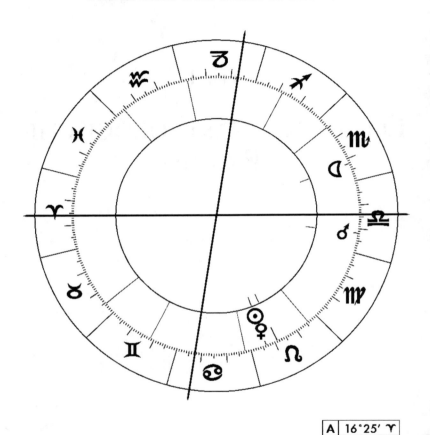

A	16°25' ♈
2	25°21' ♉
3	18°16' ♊
M	7°14' ♑
11	27°32' ♑
12	25°45' ♒

☉	11°03' ♌	57'26	Stundenherrscher: ♃
☽	7°40' ♏	13°45'	
♀	6°20' ♌	1°13'	
♂	8°05' ♎	36'42	

3. 8. 1995, 22:57 MESZ
Neubiberg, 11E40, 48N04

Häuser nach
Placidus

1

Der schnelle Einstieg: Astrologie als erste Hilfe

Die Stunden- oder Frageastrologie ist die Kunst, aus dem Horoskop für den Augenblick, an dem eine Frage gestellt wird, eine Antwort auf diese Frage zu erkennen.

Fall 1
»Wo ist meine Frau? Kommt sie zurück?«

Die Frage
Ein frisch verheirateter Mann, dessen Frau nach einem Ehekrach fluchtartig das Haus verlassen hat, ruft mich spät abends an und fragt:» *Wo ist sie? Kommt sie zurück?*« Weil der Mann in großer Panik war, habe ich noch während des Telefongesprächs meinen Computer angeschaltet und mir das Horoskop für den Zeitpunkt der Frage anzeigen lassen (Horoskop 1).

Widerspiegelung der Frage im Horoskop
Die erste Aufgabe bei der Deutung eines Stundenhoroskops ist es, festzustellen, ob das Horoskop in irgendeiner Weise die Frage widerspiegelt. In diesem Horoskop ist das deutlich der Fall: Der Mond, der uns oft verrät, womit der Fragende sich beschäftigt, steht im 7. Haus in Skorpion: Der Mann hat Probleme (Skorpion) in seiner Ehe (7. Haus). Das Quadrat, das der Mond gerade zu Venus gebildet hat, weist auf den soeben erfolgten Ehekrach hin. Zudem steht Mars, Planet des Fragenden, im »Ehezeichen« Waage.

Nur wenige Planeten

Einigermaßen provozierend habe ich in Horoskop 1 nur die Planeten eingetragen, die wir für die Beantwortung der Frage brauchen. Fragehoroskope werden nur selten »ganzheitlich« gedeutet! In diesem Horoskop geht es um:

- Mars: Herrscher des 1. Hauses: der Fragende
- Venus: Herrscherin des 7. Hauses: die Ehefrau
- Mond: Der Gemütszustand des Fragenden
- Sonne.

Kommt sie zurück?

Aus dem Fragehoroskop ist die zweite Frage schnell und einfach zu beantworten: Die Frau wird zurückkommen, weil Herrscher 7, Venus, die Frau, bald ein Sextil zu Herrscher 1, Mars, dem Mann, bilden wird. Diese Prognose stellte sich als richtig heraus.

Wo ist sie?

Die erste Frage des Mannes ließe sich übrigens auch beantworten, denn das Horoskop zeigt uns klar und deutlich, *wo* die Frau sich befindet. Wenn wir die Häuser neu nummerieren – und zwar ab dem 7. Haus, dem Haus der Frau – und mit dem »gedrehten« Horoskop arbeiten, steht Venus im 11. Haus der Frau (5 = 11 ab 7): In Kapitel 7 werden wir sehen, dass Freunde und Arbeitskollegen dem 11. Haus zugeordnet werden: Die Frau wird wahrscheinlich bei einer Freundin oder einer Arbeitskollegin Zuflucht gefunden haben. Aber soll man das dem Mann auch sagen? Nach den alten Regeln ist Venus von der Sonne »verbrannt« (weniger als 5° von der Sonne entfernt), was bedeutet, dass die Frau nicht in der Lage ist, objektiv über ihren Zustand nachzudenken und dass sie Ruhe und Abstand braucht. Hat sie nicht ein Recht darauf, nicht sofort von ihrem Mann »gefunden« zu werden? Ich habe deshalb die erste Frage *nicht* beantwortet.

Wann kommt sie zurück?

Die Frage, *wann* die Frau zurückkehren wird, ist schwieriger zu beantworten. Das Sextil zwischen Venus (auf 6 1/2° Löwe) und Mars (auf 8° Waage) ist noch etwa anderthalb Grade von seinem Exaktwerden entfernt. Nach einer alten Regel entspricht diesem Abstand eine gewisse Zeiteinheit, fragt sich nur welche? Wir haben die Qual der Wahl: Die Frau könnte nach anderthalb Stunden, anderthalb Tagen, anderthalb Wochen, oder anderthalb Monaten zurückkehren. Dass sie sich schon anderthalb Stunden nach der Fragestellung melden würde, war eher unwahrscheinlich, denn die Frau hatte einen Koffer mitgenommen. Auch eine Rückkehr nach erst anderthalb Monaten ist in einem solchen Fall nicht anzunehmen. Aber die *beiden* mittleren Möglichkeiten könnten zutreffen. Ich habe dem Mann gesagt:»Wenn Ihre Frau sich nicht innerhalb von zwei Tagen meldet, kann es durchaus sein, dass sie erst in anderthalb Wochen zurückkehrt.« Die letztere Möglichkeit traf ein: Sie meldete sich nach zehn Tagen. Die Regeln für die Zeitbestimmung werden ausführlich in Kapitel 9 behandelt.

Die klassische Perspektive

Die Sonne-Venus-Konjunktion ist übrigens ein interessantes Beispiel für die völlig andere Betrachtungsweise der Aspekte in der Stundenastrologie: Während in der modernen psychologischen Radixastrologie diese Konjunktion meistens positiv bewertet wird (»Liebenswürdigkeit, angenehme Ausstrahlung« usw.), wird nach der Auffassung der klassischen Astrologie, auf welche die Stundenastrologie basiert, die Sonne ein verbrennender Übeltäter für jeden Planeten, der ihr zu nahe kommt.

Die klassischen Astrologen haben viel mehr wie wir, die nur noch hinter unseren Computern hocken, *direkt* den Himmel beobachtet und so immer wieder empirisch festgestellt, dass ein Planet, der sich der Sonne näherte und »unter ihre Strahlen« kam, unsichtbar wurde und schließlich von der Sonne »verbrannt« wurde.

Erste Hilfe bei konkreten Fragen

Dieses Horoskop ist ein schönes Beispiel dafür, wie Stundenastrologie im wahrsten Sinne des Wortes erste Hilfe leisten
kann – gerade auch dort, wo die psychologische Astrologie
ziemlich hilflos wäre. So bietet die Stundenastrologie uns
Astrologen die Möglichkeit, uns wieder der einfachen (aber
wichtigen) Fragen der Leute anzunehmen, so wie unsere Vor-
gänger es Jahrtausende getan haben.

Andererseits ist aus diesem Horoskop *nicht* die Frage zu
beantworten, ob die Ehe auch auf Dauer wieder in Ordnung
kommt. Dazu bräuchten die beiden Eheleute eine ausführli-
chere Beratung aufgrund der beiden Geburtshoroskope und
den daraus abgeleiteten Synastrietechniken.

Die Unterschiede zwischen der modernen psychologischen
Radixastrologie und der Stundenastrologie werden in Kapitel 3 behandelt.

2

Astrologie zum Anfassen: Konkrete Antworten auf konkrete Fragen

Konkrete Fragen

Viele Menschen, die sich an Astrologen wenden, sind weniger an einer tiefgehenden Analyse ihrer Geburtshoroskope als an einer konkreten Antwort auf eine konkrete Frage interessiert. Aber im Radix sind mit Hilfe der bekannten Techniken wie Transite, Progressionen, Solare usw. »nur« Themen und Tendenzen, jedoch keine konkreten Ereignisse erkennbar. Letztere sind ausschließlich mit Hilfe der Stundenastrologie zu prognostizieren.

»Wird meine Frau zu mir zurückkehren?«
»Soll ich mich operieren lassen?«
»Soll ich mich um einen neuen Arbeitsplatz bewerben?«
»Sollen wir das angebotene Haus kaufen?«
»Meine Katze ist verschwunden. Wo ist sie?«

Sinnvolle konkrete Prognose

Bei der Stundenastrologie handelt es sich um eine der ältesten astrologischen Techniken überhaupt. Sie basiert zum größten Teil auf Regeln, die seit Jahrtausenden unverändert geblieben sind, eben weil sie sich bewährt haben.

Wenn Astrologen die Astrologie gegen Skeptiker verteidigen müssen, machen sie immer wieder die Erfahrung, dass diese nicht wissen, wovon sie reden. Traurig aber wahr: Das gleiche Gefühl haben Stundenastrologen, wenn sie die Stundenastrologie gegen die psychologisch orientierten Astrologen verteidigen müssen. Jeder Astrologe, der sich die Mühe macht, eine Zeit lang mit dieser Methode zu arbeiten, wird von ihrer Zuverlässigkeit begeistert sein. Er wird entdecken, dass man mit Hilfe der Stundenastrologie *psychologisch sinnvoll* prognostizieren kann, *ohne* in lähmenden Determinismus zu verfallen, und dass die Stundenastrologie gerade auch dort Hilfe leisten kann, wo die psychologische Astrologie ziemlich hilflos ist.

Zwar liegt der Hauptsinn der Stundenastrologie in der Hilfe bei Entscheidungsfragen (»*Soll ich . . . ?*«), aber sie ist durchaus imstande, auch reine Zukunftsfragen zu beantworten. Weil die Stundenastrologie damit an der modernen egozentrischen Verleugnung des Schicksals rüttelt, gibt es auch unter Astrologen immer noch Skeptiker, die diese Technik in Frage stellen: 1. Wie sei es im Hinblick auf den Symbolwert der Planeten überhaupt möglich, mit Hilfe der Stundenastrologie *konkret* zu prognostizieren? 2. Wie werde die Stundenastrologie mit dummen und unseriösen Fragen fertig?

Diese Fragen lassen sich leicht beantworten:

1. Weil das Fragehoroskop das Geburtshoroskop für eine bestimmte Frage ist, wird es auf der Ebene dieser Frage gedeutet. Demzufolge verlieren die Planeten in diesem Horoskop ihren breit gefächerten Symbolwert. Sie haben meistens nur noch eine, fest umrissene, Bedeutung. So wird in einem Horoskop für die Frage: »*Soll ich mich operieren lassen?*« Mars meistens nur noch eine Bedeutung haben: das Messer des Chirurgen.

2. Die Stundenastrologie verfügt über Sicherheitsmechanismen: Bestimmte Deutungseinschränkungen warnen den Astrologen vor unseriösen, leichtfertigen Antworten. Dagegen sind die *Widerspiegelung* der Frage im Horoskop und/ oder starke Verbindungen zwischen Fragehoroskop und Radix ein sicheres Zeichen dafür, dass es um eine ernste und wichtige Frage geht, mit deren Beantwortung der Kosmos sich sozusagen »einverstanden« erklärt. Übrigens verfeinert die Widerspiegelung der Frage im Fragehoroskop noch viel mehr als in der Geburtsastrologie das Gespür für die Qualität der Zeit. Sie bedeutet für Stundenastrologen immer wieder eine beeindruckende kosmische Erfahrung!

Berührungsängste

Eben weil die Stundenastrologie so konkret ist, haben psychologisch orientierte Astrologen hier ihre Berührungsängste. Ist die Richtigkeit einer stundenastrologischen Aussage meistens nicht viel besser zu kontrollieren als die in einer psychologisch orientierten Radix-Sitzung? Der Stundenastrologe, der die konkrete Frage: »*Kommt meine Frau zurück?*« mit einem konkreten »*Ja*« beantwortet, hat klipp und klar einen Fehler gemacht, wenn die Frau nicht mehr auftaucht. In vielen Radix-Sitzungen dagegen verstecken schlechte Astrologen ihre Inkompetenz nicht selten hinter schwammigen pseudo-psychologischen Formulierungen, die alles und nichts bedeuten.

Stundenastrologie ist klassische Astrologie

Die Stundenastrologie ist auch aus noch einem anderen Grund so faszinierend: Der Baum der Astrologie ist in den letzten Jahrzehnten stark gewachsen. Mittlerweile gibt es weltweit so viele Schulen und Richtungen, dass der einzelne Astrologe nicht mehr in der Lage ist, das Ganze zu überblicken. Einerseits ist diese Vielfalt erfreulich, andererseits stellt sie auch eine Gefahr da, weil der Kontakt mit der traditionellen Astrologie, dem Stamm, aus dem alle diese Zweige gewachsen sind, verloren zu gehen droht. Damit der Baum gesund bleibt, sollen Stamm und Boden gepflegt werden! Die Stundenastrologie ist als eine der ältesten Formen der Astrologie sehr zur Wiederherstellung des Kontaktes mit der traditionellen Astrologie geeignet. Kein Geringerer als Robert Hand hat diesbezüglich geschrieben: »*Die Stundenastrologie ist eine praktische Astrologie. Fragen fordern Antworten. Antworten verlangen eine rigorose und logische Deutung der Symbole. Die Stundenastrologie kann dazu beitragen, uns zum strengen Umgang mit den astrologischen Symbolen zurückzuführen ...*« (Vorwort zu: Olivia Barclay, *Horary Astrology Rediscovered*).

Wer sich mit Stundenastrologie beschäftigt, wird die klassische Astrologie, die eine sehr reine Form der Astrologie ist, immer mehr zu schätzen wissen.

Horoskop 2
»Wurde mein Geldbeutel in der S-Bahn gestohlen?«

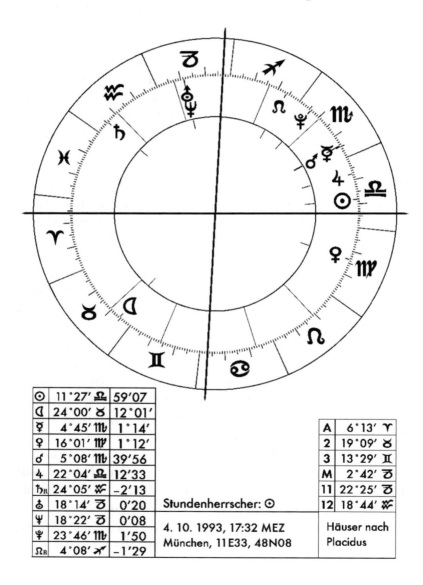

☉	11°27' ♎︎	59'07
☽	24°00' ♉︎	12°01'
☿	4°45' ♏︎	1°14'
♀	16°01' ♍︎	1°12'
♂	5°08' ♏︎	39'56
♃	22°04' ♎︎	12'33
♄ᴿ	24°05' ♒︎	-2'13
⚷	18°14' ♑︎	0'20
♆	18°22' ♑︎	0'08
♇	23°46' ♏︎	1'50
☊ᴿ	4°08' ♐︎	-1'29

A	6°13' ♈︎
2	19°09' ♉︎
3	13°29' ♊︎
M	2°42' ♑︎
11	22°25' ♑︎
12	18°44' ♒︎

Stundenherrscher: ☉

4. 10. 1993, 17:32 MEZ
München, 11E33, 48N08

Häuser nach
Placidus

Fall 2
»Wurde mein Geldbeutel in der S-Bahn gestohlen?«

Interessant an diesem Horoskop:
- Die deutliche Widerspiegelung der Frage
- Die einfache und schnelle Antwort
- Die Fülle von ergänzenden Details

Die Frage
An einem Abend traf ich meine Frau in einer Münchner Gaststätte zum Abendessen. Sie war mit der S-Bahn in die Stadt gekommen und entdeckte im Restaurant, dass ihr Geldbeutel nicht (mehr) in ihrer Manteltasche steckte. Die Frage war, ob sie ihn zu Hause vergessen hatte oder ob er ihr in der überfüllten S-Bahn aus der Tasche gestohlen wurde. Sie stellte mir die obige Frage. Ich konnte das Fragehoroskop sofort berechnen, weil ich meinen Laptop dabei hatte (Horoskop 2).

Widerspiegelung
Das Horoskop spiegelt die Frage klar wider, weil der Mond, der uns verrät, womit die Fragende sich beschäftigt, im Geldhaus 2 und im Geldzeichen Stier steht. Der Planet Mars vertritt als Herrscher des Aszendenten meine Frau und Venus als Herrscher des 2. Hauses (mit Spitze in Stier) den Geldbeutel.

Eine schnelle Antwort
Für die Beantwortung der eigentlichen Frage müssen wir untersuchen, ob sich innerhalb der Zeichen, in denen sich Venus und Mars befinden, ein Aspekt zwischen den beiden Planeten bilden wird. Das ist nicht der Fall, denn das Sextil zwischen Venus und Mars ist schon vorbei (»separativ«). *Damit ist die Frage schon beantwortet*: Die Fragende wird ihren Geldbeutel nicht mehr wiedersehen. So einfach funktioniert oft die Stundenastrologie!

Interessante Details

Das Horoskop ist auch deshalb so interessant, weil es eine Menge zusätzliche Hinweise gibt:

- In Kapitel 8 werden Sie lernen, dass Venus in diesem Horoskop sehr geschwächt ist: Sie steht im 6. Haus, einem der ungünstigeren Häuser in der Stundenastrologie; sie steht in Jungfrau im Fall (Jungfrau liegt gegenüber Fische, wo Venus ihre »Erhöhung« hat); sie ist in Jungfrau »eingeschlossen«, weil dieses Zeichen sich *komplett* innerhalb der Grenzen des 6. Hauses befindet.
- Diebe fallen traditionell unter das 7. Haus. Der Herrscher von 7 (mit Spitze in Waage) ist ebenfalls Venus. Dass Herrscher 2 (das Geld) auch Herrscher 7 (der Dieb) ist, nennt man eine »Doppelbeziehung«. Sie kann bedeuten, dass das Geld sich zur Zeit der Frage gut versteckt (Venus »eingeschlossen«) bei einem Dieb befindet.
- Der Verwandtschaftsplanet für Diebe ist Merkur (der antike Gott der Diebe!). Die »hautenge« Konjunktion zwischen Mars und Merkur zeigt buchstäblich, was geschehen ist: In der brechend vollen S-Bahn, in der die Passagiere Körper an Körper standen wie Sardinen in der Büchse, hat der Dieb die Gelegenheit genutzt.
- In Stundenhoroskopen »erzählt der Mond oft die Geschichte«. Der letzte Aspekt des Mondes (auf 24°00' Stier) war die soeben erfolgte Opposition zu Pluto (auf 23°48' Skorpion): Meine Frau wurde das Opfer eines heimlichen Verbrechens. Der nächste Aspekt des Mondes ist das Quadrat zu Saturn im 12. Haus. Wie die Opposition ist ein Quadrat in der Stundenastrologie ein schlechter Aspekt. Saturn ist ein klassischer Übeltäter und in diesem Horoskop zudem der Herrscher des 12. Hauses, das u. a. »Verlust« bedeutet.

(Wir werden noch sehen, dass die Stundenastrologie nur mit den antiken Planeten als Hausherrscher arbeitet; aus diesem Grund ist in diesem Horoskop Saturn und nicht Uranus der Herrscher des 12. Hauses.)

- Der absteigende Mondknoten im 2. Haus ist ebenfalls ein ungünstiges Omen.

Ablauf

Als wir abends nach Hause kamen, lag der Geldbeutel nicht auf seinem gewöhnlichen Platz; wir haben ihn auch nicht mehr wieder gefunden.

3

Ein harmonisches Paar: Stundenastrologie und Geburtsastrologie

Die Unterschiede

Obwohl nicht wenige Fragehoroskope sich für psychologische Deutung eignen und oft zu »kleinen« Lebensberatungen führen können, zeigen die bis jetzt behandelten Stundenhoroskope, dass es zwischen der Stundenastrologie und der psychologischen Radix-Astrologie große Unterschiede gibt:

Radix-Astrologie	Stundenastrologie
1. Geburtszeit oft unsicher	1. Genaue »Geburtszeit« der Frage ist bekannt.
2. psychologisch, personenbezogen, langfristig	2. konkret, eher sachbezogen, kurzfristig
3. ganzheitliche Deutung	3. Deutung beschränkt sich meistens auf wenige Faktoren.
4. statische Aspektdeutung	4. dynamische Aspektdeutung
5. innovativ, flexible Regeln	5. eher traditionell, strenge Regeln
6. Jedes Horoskop kann gedeutet werden.	6. Manchmal Deutungseinschränkungen – Aszendent auf 0°, 1°, 2° – Aszendent auf 27°, 28°, 29° – Horoskop spiegelt die Frage nicht wider.

1. Die exakte »Geburtszeit« der Frage

Die psychologische Astrologie basiert auf dem Geburtshoroskop. Leider ist oft die Geburtszeit nicht genau bekannt, was nicht selten zu spekulativen Deutungen führt, insbesondere wenn es um die Berechnung von Solaren, um das Timing von Transiten, Direktionen usw. geht. Auch die Geburtszeitkorrektur ist spekulativ, denn zehn Astrologen, die das gleiche Horoskop korrigieren, kommen bekanntlich zu zehn verschiedenen Ergebnissen. Die Stundenastrologie arbeitet mit dem Zeitpunkt der Frage, und dieser ist fast immer genau bekannt. Ein großer Vorteil!

2. Beschränkte Wirkungsdauer
Während das Geburtshoroskop heutzutage psychologisch gedeutet wird und sich auf das ganze Leben bezieht, befasst ein Stundenhoroskop sich mit einer konkreten Frage und seine Wirkung ist meistens auf drei bis sechs Monate beschränkt. Der Vorteil: Nach dieser Frist gibt es wieder Raum für neue Entwicklungen.

3. Keine »ganzheitliche« Deutung
Die Ganzheit des Menschen ist im Geburtshoroskop verschlüsselt, und diese Ganzheit zu erfassen, ist die schwierige Aufgabe des Astrologen. Bleibt er in isolierten Deutungs-»Rezepten« stecken, beherrscht er sein Handwerk nicht. Der erfahrene Stundenastrologe dagegen beherrscht die Kunst, sich auf die wenigen Faktoren, auf die es bei der Beantwortung der Frage ankommt, zu beschränken. Oft geht es dabei um nicht mehr als drei oder vier Planeten.

Ein weiterer Vorteil: Weil eben der Zeitaufwand nicht so groß ist wie bei einer ausführlichen Radix-Beratung, kann der Stundenastrologe diese Dienstleistung relativ kostengünstig anbieten.

4. Dynamische Deutung
Die psychologische Astrologie deutet Aspekte statisch, mit Hilfe von Orben. So wird die Frage, ob ein Winkelabstand von 98° zwischen Mond und Saturn noch als Quadrat bewertet werden soll, von verschiedenen Astrologen unterschiedlich beantwortet. Dabei wird die Frage, ob der Aspekt schon exakt

gewesen (separativ) ist oder noch exakt (applikativ) werden muss, meistens nicht einmal berücksichtigt. Der Stundenastrologe dagegen müht sich nicht mit der schwierigen Frage ab: »*Gibt es zwischen diesen Planeten einen Aspekt?*« sondern untersucht ganz konkret, ob *innerhalb der Zeichen, in denen die Planeten sich befinden*, noch ein Aspekt zwischen den beiden zustande kommen wird. Der Stundenastrologe deutet das Fragehoroskop nicht sosehr wie es ist, sondern wie es sich in der nächsten Zeit entwickeln wird.

5. Traditionelle Regeln

Die psychologische Astrologie entwickelt sich ständig. Uranus, Neptun, Pluto wurden entdeckt und spielen seither ihre wichtige Rolle in der Deutung. Chiron, Lilith und andere kamen dazu. Der eine Astrologe kann auf sie verzichten, der andere braucht sie unbedingt usw. Obwohl auch die Stundenastrologie sich nicht vor neuen Entwicklungen verschließt, bleibt sie in ihren Grundlagen eher traditionell. Seit Jahrhunderten liegen ihre bewährten Regeln fast unverändert fest, gerade eben weil sie sich bewährt haben. In der psychologischen Astrologie gibt es zahllose verschiedene Deutungsmethoden, die man nicht sofort als richtig oder falsch bewerten kann. Aber ob eine konkrete Antwort auf eine konkrete Frage richtig oder falsch ist, wird dagegen meistens schnell deutlich! Das macht eine lockere Handhabung der traditionellen Regeln oder Experimente zu einer riskanten Unternehmung.

6. Deutungseinschränkungen

Jedes Geburtshoroskop kann, wenn es richtig berechnet wurde, gedeutet werden. Stundenhoroskope dagegen können manchmal Deutungseinschränkungen vorweisen. Der Stundenastrologe soll diese Deutungseinschränkungen ernst nehmen, denn sie schützen ihn vor falschen Deutungen.

Der Aszendent in den ersten drei Graden eines Zeichens: Die Frage kommt zu früh; es wird noch neue Entwicklungen geben, welche die Frage überflüssig machen. Der Aszendent in

den letzten drei Graden eines Zeichens: Die Frage kommt zu
spät; der Fragende kann auf die Entwicklung keinen Einfluss
mehr nehmen. Das Horoskop spiegelt die Frage nicht wider:
Wenn die Frage nicht im Horoskop zu finden ist, ist auch die
Antwort nicht darin enthalten.

Fazit: Gerade weil beide Formen der Astrologie so unterschiedlich sind, können sie sich harmonisch ergänzen: Die
Stundenastrologie kann, was die Radixastrologie nicht kann,
und umgekehrt.

Horoskop 3a
»Soll ich kündigen wegen eines launischen Chefs ?«

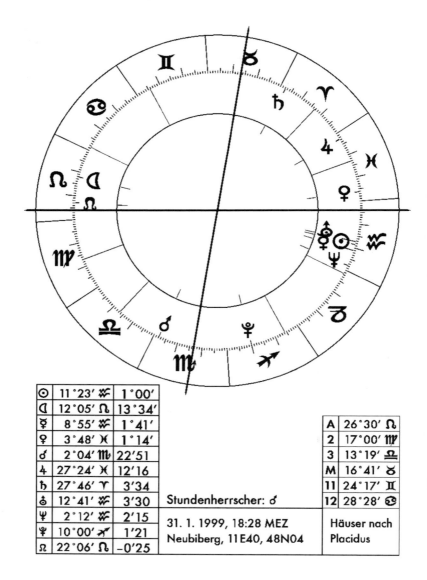

☉	11°23' ♒	1°00'
☽	12°05' ♌	13°34'
☿	8°55' ♒	1°41'
♀	3°48' ♓	1°14'
♂	2°04' ♏	22'51
♃	27°24' ♓	12'16
♄	27°46' ♈	3'34
⚷	12°41' ♒	3'30
♆	2°12' ♒	2'15
♇	10°00' ♐	1'21
☊	22°06' ♌	-0'25

A	26°30' ♌
2	17°00' ♍
3	13°19' ♎
M	16°41' ♉
11	24°17' ♊
12	28°28' ♋

Stundenherrscher: ♂

31. 1. 1999, 18:28 MEZ
Neubiberg, 11E40, 48N04

Häuser nach
Placidus

Fall 3
»Soll ich kündigen wegen eines launischen Chefs?«

Interessant an diesen Horoskopen:
• Die Verbindung zwischen Fragehoroskop und Radix

Die Frage
Ein junger Mann, der in einer Firma arbeitet, stellte telefonisch die Frage, ob er kündigen sollte. Er hatte seit einiger Zeit das Gefühl, dass auf seinen Chef kein Verlass war und dass dieser ihm nicht die von ihm gewünschten Freiräume in der Arbeit gewährte (Horoskop 3a).

Deutung
Die Arbeit in einem Angestelltenverhältnis fällt unter das 6. Haus. Damit spiegelt das Horoskop die Frage wider, denn die Sonne, die als Herrscher des 1. Hauses den Fragenden vertritt, steht in Wassermann im 6. Haus. Der Mond, der uns auch hier den Gemütszustand des Fragenden verrät, steht in Löwe im 12. Haus: Der Fragende möchte kündigen (12. Haus: Verlust des Arbeitsplatzes), damit er sein kreatives Potenzial (Löwe) besser entfalten kann. Die gerade stattgefundene Opposition zwischen Sonne und Mond zeigt seine Zerrissenheit. Interessant ist, dass die Wassermann-Sonne in einer engen Konjunktion mit Uranus steht: Der junge Mann wünscht sich mehr Freiheit.

Welcher Planet vertritt den Chef? Stundenastrologisch fallen alle Autoritäten unter das 10. Haus, dessen Herrscher in diesem Horoskop (mit MC in Stier) Venus ist. Venus ist nicht nur ein klassischer Wohltäter, sondern steht in diesem Horoskop gut: In Fische ist sie »erhöht«, was heißt, dass sie ihre besten Eigenschaften zeigen kann (s. Kapitel 8), und im 7. Haus hat sie eher partnerschaftliche als autoritäre Züge. Das lässt vermuten, dass das Problem eher beim Fragenden

selbst als bei seinem Chef liegt. Interessant ist noch, dass
sowohl die Sonne als der Mond innerhalb der Zeichen, in
denen sie sich befinden, gute Aspekte zu Saturn bilden werden:
Die Sonne ein Sextil, der Mond ein Trigon. Saturn ist Herrscher des 6. Hauses: die Arbeit. Die Antwort kann nur sein,
dass der Fragende (noch) nicht kündigen, sondern abwarten
und vielleicht mal mit seinem Chef reden sollte.

Geburts- und Fragehoroskop

Bei einer solchen Frage ist es interessant, einen Blick auf das
Geburtshoroskop des Fragenden zu werfen, insbesondere auf
die Transite. In Horoskop 3b finden Sie im Innenkreis einen
Teil des Radix und im Außenkreis das Fragehoroskop, dessen
Planeten jetzt die laufenden Transite über das Radix zeigen
(Horoskop 3b).

Horoskop 3b
»Soll ich kündigen wegen eines launischen Chefs ?«

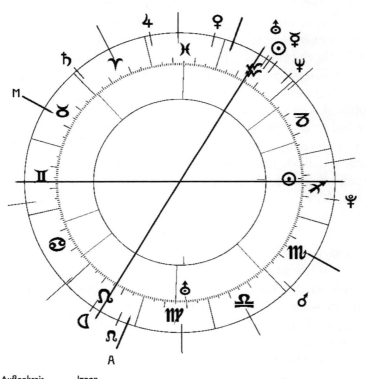

Außenkreis		Innen	
☉	11°23' ♒	18°22' ♐
☽	12°06' ♌	
☿	8°55' ♒	
♀	3°48' ♓	
♂	2°04' ♏	
♃	27°24' ♓	
♄	27°46' ♈	
⚷	12°41' ♒	19°32' ♍
♅	2°13' ♒	
♇	10°01' ♐	
☊℞	22°06' ♌	

Außenkreis	
A	26°30' ♌
2	17°00' ♍
3	13°19' ♎
M	16°39' ♉
11	24°17' ♊
12	28°28' ♋

Innen: Radix
Außen: Kündigen?

Häuser nach
Placidus

Wir sehen, dass die Sonne des Fragenden am Deszendenten in Schütze steht und dass Uranus sowohl ein Quadrat zur Sonne als auch zum Aszendenten bildet. Diese gesamte Konstellation zeigt eine eher offene und ehrliche (aber nicht immer diplomatische) Persönlichkeit, die nicht gerne eingeengt wird und wenn nötig um ihre Freiheit kämpft. Höchst interessant ist, dass Transit-Uranus im Begriff ist, eine Konjunktion zum MC im Radix zu bilden: Im Berufsleben (MC und 10. Haus) wird in der nächsten Zeit das Thema »Freiheit« aktuell. Der Fragende soll durchaus versuchen, sich beruflich mehr Freiheit und Unabhängigkeit zu verschaffen, ohne aber gegen jede öffentliche Ordnung zu rebellieren oder ständig den Beruf zu wechseln.

Literaturtipp: Stundenastrologen, die sich schnell und effizient ein Bild der laufenden Transite ihrer Klienten machen möchten, empfehle ich gerne das Transitbuch von Markus Jehle, *Wenn Jupiter auf Mars zugeht ... Kreative Astrologie für Fortgeschrittene* (Ebertin-Verlag, 1997).

Ablauf

Als mein Klient mich einen Tag später für die Beratung anrief, erzählte er mir, dass er an diesem Tag einige positive Erfahrungen mit seinem Chef gemacht hatte und dass er beschlossen hatte, vorläufig noch nicht zu kündigen. Ich habe dann mit ihm noch kurz über sein Geburtshoroskop und den laufenden Uranus-Transit gesprochen.

Ein anderes Beispiel dafür, wie man Fragehoroskop und Geburtshoroskop kombinieren kann, finden Sie in Kapitel 12: *Stundenastrologie und Lebensberatung.*

4

Die Beratungspraxis

Arbeitsplatz
Auf dem Schreibtisch des Stundenastrologen befinden sich
sein Computer und sein Telefon. Das Telefon sollte möglichst
mit Anrufbeantworter, Lautsprecher und Freisprechmikrofon
ausgestattet sein, damit Sie zur gleichen Zeit sowohl mit Ihrem
Klienten reden als auch sich Notizen machen und gegebenenfalls Ihren Computer bedienen können. Auch Ihre Ephemeriden sollten Sie immer in Griffnähe haben. Es ist empfehlenswert, für die Entgegennahme der Frage vorgedruckte Formu-
lare zu benutzen. Nachstehend gebe ich ein Beispiel, wie so ein
Formular aussehen könnte.

Datum und Zeitpunkt Frage: _____
Formulierung Frage: _____
_____
_____

Name und Vorname: _____
Geburtsdaten: _____
Telefonnummer: _____

Erreichbarkeit
Versuchen Sie, möglichst oft telefonisch für Ihre Klienten er-
reichbar zu sein, damit diese selbst den Zeitpunkt für ihre
Anrufe bestimmen können. Wenn Sie Ihre Kontakte mit Klienten nur auf eine tägliche, feste telefonische Sprechstunde beschränken, bestimmen *Sie* für Ihre Klienten den Zeitpunkt
ihrer Anrufe, was meistens zu unzutreffenden Stundenhoro-

skopen führt. Was zu tun ist mit Fragen, die auf den Anrufbeantworter gesprochen werden, behandle ich in Kapitel 5, unter
Anrufbeantworter.

Beratungstermin

Obwohl ein geübter Stundenastrologe die meisten Fragehoroskope relativ schnell deutet, ist es empfehlenswert, sich für die
Antwort ein oder zwei Tage Zeit zu lassen. Sie können sich
dann in Ruhe das Horoskop einige Male ansehen und kontrollieren, ob Sie nichts übersehen haben, keinen Fehler gemacht
haben usw.

Nur wenn der Klient es mit der Antwort sehr eilig hat,
können Sie gegebenenfalls am gleichen Tag antworten oder
sogar direkt beim ersten Gespräch, was nur möglich ist, wenn
die Bedingungen, die im Absatz *Arbeitsplatz* beschrieben wurden, erfüllt sind.

Gemeinschaftspraxis

Weil es für Klienten mit dringenden Fragen frustrierend ist,
wenn Sie längere Zeit unerreichbar sind, empfehle ich Ihnen,
eng mit einem/einer Kollegen/Kollegin zusammenzuarbeiten,
der/die in der Lage ist, Ihre stundenastrologische Praxis zu
übernehmen, wenn Sie mal eine Zeit lang abwesend sind (und
umgekehrt). Eine derartige Gemeinschaftspraxis hat auch
noch den Vorteil, dass Sie die schwierigen Fälle miteinander
besprechen können. In meiner Praxis möchte ich auf diese Art
der Zusammenarbeit nicht mehr verzichten. Auf Ihre Klienten
wirkt eine derartige Zusammenarbeit in hohem Maße pro-
fessionell, und sie werden diese Dienstleistung zu schätzen
wissen.

Honorar

Wenn der Beratungstermin ein oder zwei Tage nach der Fragestellung stattfindet, hat das den Vorteil, dass Ihr Klient Ihnen
inzwischen Ihr Honorar mit Scheck oder in bar per Post zu-
schicken kann. (Es ist mir noch nicht passiert, dass ein solcher

Brief verlorengegangen ist. Allerdings sollte der Klient den Scheck oder Geldschein in Briefpapier falten, damit er von außen nicht sichtbar ist.) Das elektronische Bankverfahren (»Internetbanking«) bietet auch eine gute Möglichkeit zur schnellen Überweisung.

Selbstverständlich berechnen Sie Ihrem Klienten nur ein Honorar, wenn Sie seine Frage auch wirklich beantworten und eine befriedigende Beratung durchführen können. Wenn aufgrund einer Deutungseinschränkung im Fragehoroskop eine Antwort nur teilweise oder überhaupt nicht gegeben werden kann, zahlt der Klient entsprechend weniger oder nichts. Falls ein Klient später nachweisen kann, dass Ihre Antwort nicht richtig war, sollten Sie ihm wenigstens das gezahlte Honorar zurückerstatten. (Aber wenn Sie Ihre Arbeit gut machen, wird das kaum vorkommen.)

Es ist übrigens nicht unüblich, für eine Antwort am gleichen Tag oder für Beratungen am Wochenende das Honorar (um beispielsweise 25 %) zu erhöhen.

Horoskop 4
»Kann ich zur Beerdigung fliegen?«

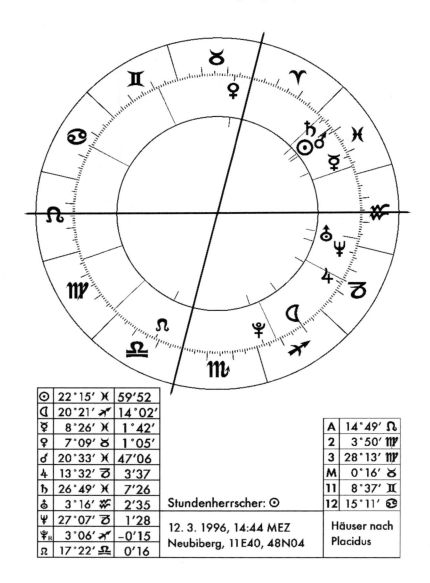

☉	22°15' ♓	59'52
☽	20°21' ♐	14°02'
☿	8°26' ♓	1°42'
♀	7°09' ♉	1°05'
♂	20°33' ♓	47'06
♃	13°32' ♑	3'37
♄	26°49' ♓	7'26
⚷	3°16' ♒	2'35
♆	27°07' ♑	1'28
♇ᴿ	3°06' ♐	-0'15
☊	17°22' ♎	0'16

A	14°49' ♌
2	3°50' ♍
3	28°13' ♍
M	0°16' ♉
11	8°37' ♊
12	15°11' ♋

Stundenherrscher: ☉

12. 3. 1996, 14:44 MEZ
Neubiberg, 11E40, 48N04

Häuser nach
Placidus

Fall 4
»Zur Beerdigung?«

Interessant an diesem Horoskop:
- Frage auf dem Anrufbeantworter
- Die mehrfache Widerspiegelung der Frage
- Die Bedeutung der Schwäche eines Planeten (hier: die Sonne)

Die Frage

Ein an einer Grippe erkrankter Mann ruft während meiner Abwesenheit an und spricht auf den Anrufbeantworter, dass einer seiner besten Freunde gestern sehr plötzlich gestorben ist. Die Beerdigung wird in drei Tagen im Ausland, wo sein Freund lebte, stattfinden. Seine Frage lautet: »*Kann ich in drei Tagen zur Beerdigung fliegen oder werde ich dazu noch zu krank sein?*« (Horoskop 4). Das Horoskop habe ich für den Augenblick berechnet, an dem ich die Frage auf dem Anrufbeantworter hörte, einige Stunden nach dem Anruf. Das Horoskop für die Zeit des Anrufes wäre nicht deutbar gewesen!

Widerspiegelung der Frage

Der AC befindet sich nicht in den ersten oder den letzten drei Graden eines Zeichens, und die Frage wird mehrfach von dem Horoskop bestätigt:
- Der AC-Herrscher (H1) Sonne im 8. Haus in Fische: Der Fragende wird mit dem Tod (8) und der Auflösung (Fische) einer Freundschaft konfrontiert.
- Im 8. Haus steht auch Merkur, Herrscher vom 11. Haus (H11), der verstorbene Freund. Zudem hat Merkur gerade ein Quadrat zu Pluto gebildet: der Tod des Freundes.
- Jupiter ist sowohl H8 als auch H9: Auslandsreise wegen eines Todesfalls.

- Der Mond verrät oft das, worüber der Fragende sich Gedanken macht. Mond im 5. in Schütze: die Risiken (5) einer Auslandsreise (Schütze). Zudem kommt der Mond aus dem 12. Haus (Spitze in Krebs): Verlust und Trennung. Bezeichnend sind auch die Aspekte, die der Mond im Zeichen Schütze schon gebildet hat: Die Konjunktion mit Pluto und das Quadrat zu Merkur sind ein klarer Hinweis auf den Tod des Freundes.
- Die Sonne ist sowohl AC-Herrscher als auch *Herrscher der Stunde*. Nach den alten Astrologen ist das ein zusätzlicher Hinweis darauf, dass das Horoskop gedeutet werden darf. Die Stundenherrscher und ihre Bedeutung werden in Kapitel 11 behandelt.

Die wichtigsten Planeten

- Die Sonne verkörpert als Herrscher des 1. Hauses (H1) den Fragenden.
- Der Mond verrät den Gemütszustand des Fragenden und »erzählt die Geschichte«: Nicht selten weisen die Aspekte, die der Mond noch im Zeichen, in dem er sich befindet, bilden wird, auf die weitere Entwicklung der Angelegenheit hin.
- Weil Auslandsreisen unter das 9. Haus fallen und in diesem Horoskop das 9. Haus seine Spitze in Fische hat, steht Jupiter als antiker Herrscher des 9. Hauses (H9) für die eventuelle Auslandsreise. (Wie wir später noch sehen werden, arbeitet die Stundenastrologie nur mit den antiken Hausherrschern.)
- Krankheiten fallen unter das 6. Haus und deshalb wird die Krankheit von Saturn (H6) verkörpert.

Die wichtigsten applikativen Aspekte
- Sonne (H1) in Konjunktion mit Saturn (H6)
- Mond im Quadrat zu Mars, Sonne, Saturn

Besonderheiten
- In Kapitel 8 werden Sie lernen, dass die Sonne im 8. Haus in Fische, belagert von den beiden »Übeltätern« Mars und Saturn, sehr geschwächt ist.
- Jupiter, H9, steht in Steinbock im Fall.
- Der absteigende Mondknoten steht im 9. Haus.
- Uranus und Neptun befinden sich im 6. Haus.

Deutung und Antwort
Aufgrund der geschwächten Sonne (H1), die noch die Konjunktion mit Saturn (H6) bilden muss, und der drei applikativen Quadrate des Mondes zu Mars (Fieber!), Sonne und Saturn ist von der Reise *dringend* abzuraten! Es sieht so aus, als ob die Krankheit sich in den nächsten Tagen noch verschlimmern könnte. Saturn verzögert oft eine Entwicklung: Als H6 sagt er uns, dass die Krankheit länger dauern könnte. Der absteigende Mondknoten im 9. (schlechtes Omen für die Reise), Uranus und Neptun im 6. (Destabilisierung der Gesundheit), und Jupiter als H9 in Steinbock im Fall an der Spitze des 6. Hauses verstärken und ergänzen diese Antwort nur noch.

Wichtig: Der Erfahrung nach gehört ein Planet, der bis 5° vor einer Häuserspitze steht, schon zum nächsten Haus.

Ablauf
Nachdem ich dem Mann meine Antwort gegeben hatte, hat er mich einige Wochen später wieder angerufen und die Deutung bestätigt. Er ist nicht zur Beerdigung geflogen. Die Grippe verschlimmerte sich in den Tagen nach der Frage tatsächlich und hat ihn so geschwächt, dass er sich noch wochenlang unwohl gefühlt hat.

Fazit: Der Wert der Stundenastrologie liegt darin, dass sie konkrete Fragen, insbesondere die, welche eine kurzfristige Wirkung haben, *ohne* Geburtshoroskop löst! Dieses Horoskop ist einfach, weil alle Deutungsfaktoren in die gleiche Richtung weisen.

5

Die Fragen

Fragen, die man nicht beantworten sollte

- Bei allen Fragen, die Ihnen gestellt werden, sollten Sie sich gut überlegen, inwiefern es Ihrem Klienten nutzt, eine Antwort zu bekommen. Ein Beispiel davon gab es schon in Horoskop 1 (Kapitel 1): Ich konnte aus diesem Horoskop zwar erkennen, wo die verschwundene Ehefrau sich befand, habe das aber meinem Klienten aus bestimmten Gründen nicht mitgeteilt.
- Sie sollten nur Fragen beantworten, die *konkret* und *sinnvoll* sind. Nicht zu beantworten ist beispielsweise die Frage, wer in Deutschland die nächsten Bundestagswahlen gewinnen wird. Aber die Frage eines Politikers: *»Wie stehen meine Chancen bei den nächsten Wahlen?«* ist durchaus berechtigt, weil sie sich auf die konkreten persönlichen Lebensumstände des Fragenden bezieht.
- Auch Fragen mit einem unethischen Charakter sollten Sie besser nicht beantworten. Klar ist, dass eine Frage wie: *»Ist die Frau, die ich heiraten möchte, gesund?«* nicht beantwortet werden sollte.
- Der Tod ist das große Tabu unserer Zeit. Wie soll der Astrologe sich verhalten, wenn die Frage nach dem eigenen Tod oder dem Tod eines anderen Menschen gestellt wird? Dieses Thema werde ich in Kapitel 13 behandeln.
- Beantworten Sie keine Fragen, die der Klient Ihnen überhaupt nicht gestellt hat! Meistens beantwortet das Horoskop selber auch nur die gestellte Frage.
- Wenn der AC sich in den ersten drei oder den letzten drei Graden eines Zeichens befindet, kommt die Frage meistens

zu früh oder zu spät (Deutungseinschränkung). Im ersten Fall wird sich die Lage in Kürze nochmals verändern, wodurch die Frage entweder überflüssig wird oder anders gestellt werden muss; im zweiten Fall kann der Fragende meistens keinen Einfluss mehr auf die entstandene Lage nehmen: »*Die Sache ist schon gelaufen.*« Nur wenn der frühe oder späte Aszendent in einer gradgenauen Konjunktion mit einem wichtigen Faktor (beispielsweise mit dem Aszendent, Sonne oder Mond) im Radix des Fragenden steht, wird diese Deutungseinschränkung wieder außer Kraft gesetzt, weil eine solche Konstellation bedeutet, dass der Klient seine Frage an einem für ihn höchst wichtigen Zeitpunkt gestellt hat. (Man könnte sich sogar vorstellen, dass in manchen Fällen das Stundenhoroskop ein geeignetes Mittel zur Geburtszeitkorrektur ist!)
• Die Tradition kennt noch andere Deutungseinschränkungen, wie beispielsweise: *Saturn im 7. Haus*: Diese Stellung könnte bedeuten, dass dem Astrologen (der dem 7. Haus zugeordnet wird) bei der Berechnung und/oder Deutung Fehler unterlaufen. Diese Regel trifft nach meiner Erfahrung nicht zu, insbesondere nicht in Horoskopen, die eine Siebthausfrage betreffen (Partnerschaft, Prozess usw.). Trotzdem deute ich Horoskope mit Saturn im 7. Haus vorsichtiger.

Widerspiegelung

Äußerst wichtig ist die Feststellung, ob das Horoskop die Frage widerspiegelt. Wenn das der Fall ist, können Sie ziemlich sicher sein, dass das Fragehoroskop die richtige Antwort liefert. So spiegelt Horoskop 1 die Frage des Ehemannes über seine Frau klar wider, weil der Planet des Fragenden sich im Zeichen der Ehe (Waage) befindet und der Mond, der den Gemütszustand des Fragenden verrät, im 7. Haus steht. Auch in den anderen bis jetzt behandelten Horoskopen war die Widerspiegelung klar gegeben.

Die Widerspiegelung der Frage gibt noch viel mehr als in der Geburtsastrologie das Gespür für die Qualität der Zeit. Unglaublich, aber wahr: Es passiert mir regelmäßig, dass innerhalb kurzer Zeit zwei Klienten mit der gleichen Frage anrufen. Das war beispielsweise der Fall mit der Frage: »*Wo ist meine Frau?*« (s. Kapitel 1), die mir innerhalb von 10 Minuten zweimal gestellt wurde.

Wirkungsdauer von Stundenhoroskopen

Die Erfahrung lehrt, dass Stundenhoroskope eine Wirkungsdauer von 3 bis 6 Monaten haben. Der Vorteil: Wenn Sie Ihrem Klienten eine eher negative Antwort geben müssen, können Sie ihm immer sagen, dass es nach dieser Frist wieder Raum für neue Entwicklungen geben kann.

Telefonische Fragen

Stundenastrologie ist Telefon-Astrologie. Der Stundenastrologe bekommt seine Klienten meistens nicht zu sehen. Sie stellen ihm telefonisch ihre Fragen, er lässt sich über ihre Probleme ausführlich informieren, notiert den genauen Zeitpunkt der Fragestellung und vereinbart einen Telefon-Termin, meistens ein oder zwei Tage später, aber in dringenden Fällen manchmal auch am gleichen Tag. *Die deutliche Formulierung* der Frage ist äußerst wichtig, nicht nur für den Fragenden selber, sondern auch für Sie als Astrologen: Sie sollen unmissverständlich wissen, um was es sich nun eigentlich dreht. Es passiert mir regelmäßig, dass Klienten in großer Verwirrung, weinend, ja sogar in Panik anrufen. Wichtig ist dann zuerst, dass Sie versuchen, den Klient zu beruhigen. Er soll bemerken, dass Sie bereit sind, sich Zeit für ihn zu nehmen. Lassen Sie sich von ihm ausführlich über sein Problem informieren. Es kann durchaus passieren, dass der Klient während dieser klärenden Phase entdeckt, dass er seine Frage neu formulieren muss. Wenn das der Fall ist, wird das Horoskop für den Zeitpunkt der neuen Frage berechnet.

Anrufbeantworter

Fragen, die auf den Anrufbeantworter gesprochen werden, können nur selten beantwortet werden, weil sie oft noch einer näheren Erläuterung bedürfen. Warten Sie einfach, bis der Fragende Sie am Apparat erreicht und Ihnen persönlich seine Frage stellen kann. Diese Verfahrensweise hat sich bewährt. Wenn der Klient aber eine einfache Frage deutlich und unmissverständlich auf den Anrufbeantworter gesprochen hat, können Sie versuchen, diese Frage zu beantworten. Das Horoskop soll aber *nicht* berechnet werden für den Zeitpunkt, an dem der Klient angerufen hat, sondern für den Augenblick, an dem Sie die Frage hören. Ein Beispiel einer solchen Frage lieferte Horoskop 4.

Schriftliche und elektronische Fragen

Nicht selten werden Fragen schriftlich (per Brief, Fax oder E-Mail) gestellt. In diesem Fall berechnen Sie das Horoskop für den Zeitpunkt, an dem Sie die Frage lesen und verstehen. Auch diese Verfahrensweise hat sich bewährt.

Ihre eigenen Fragen

Ich habe öfters festgestellt, dass Horoskope für Fragen, die ich mir selber stelle, deshalb schwer zu deuten sind, weil es nicht immer klar ist, wann genau die Frage in mir aufgekommen ist. Ein besseres Ergebnis bekomme ich, wenn ich bei einer meiner Kolleginnen, mit denen ich eine Gemeinschaftspraxis führe, anrufe und ihr meine Frage stelle. Wenn Sie ein Horoskop für eine eigene Frage deuten, sollten Sie auf jeden Fall darauf achten, ob dieses Horoskop Ihre Frage deutlich widerspiegelt. Wenn das der Fall ist, können Sie sicher sein, dass Sie den richtigen Agenblick für Ihre Frage erwischt haben! Ein Beispiel finden Sie in Horoskop 5.

Lebenshilfe

Die Dauer der eigentlichen Beratung hängt von der Bedeutung und Schwierigkeit der Frage ab: 10 Minuten bis eine Stunde, meistens etwa 15 bis 20 Minuten. Die längeren Gespräche beschränken sich nicht auf die Beantwortung der Frage, sondern stellen meistens eine kleine Lebensberatung dar, in der auch das Geburtshoroskop zurate gezogen wird. Wie eine solche Beratung abläuft, wird in Kapitel 12 behandelt.

Eigenverantwortung

Sagen Sie bei Entscheidungsfragen (*»Soll ich, ja oder nein?«*) Ihren Klienten immer deutlich, dass Sie nur Ratschläge erteilen und ihnen nie die Entscheidung abnehmen können!

Horoskop 5
»Wer hat Recht?«

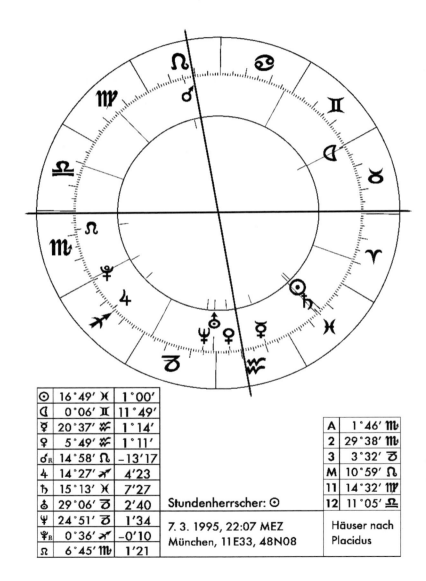

☉	16°49' ♓	1°00'
☽	0°06' ♊	11°49'
☿	20°37' ♒	1°14'
♀	5°49' ♒	1°11'
♂℞	14°58' ♌	-13'17
♃	14°27' ♐	4'23
♄	15°13' ♓	7'27
♅	29°06' ♑	2'40
♆	24°51' ♑	1'34
♇℞	0°36' ♐	-0'10
☊	6°45' ♏	1'21

A	1°46' ♏
2	29°38' ♏
3	3°32' ♑
M	10°59' ♌
11	14°32' ♍
12	11°05' ♎

Stundenherrscher: ☉

7. 3. 1995, 22:07 MEZ
München, 11E33, 48N08

Häuser nach
Placidus

Fall 5
»Wer hat Recht?«

Interessant an diesem Horoskop:
- Horoskop für eine eigene Frage
- Der frühe Aszendent
- Die mehrfache Widerspiegelung der Frage

Die Frage

Das Problem, ob ein Stundenhoroskop entweder für den Ort, wo der Fragende sich aufhält oder für den Ort des Astrologen berechnet werden soll, wurde vor einigen Jahren in einem Kreis erfahrener Stundenastrologen diskutiert. Beide Auffassungen hatten ihre Befürworter. Dann stellte ein Teilnehmer (der schon seit Jahren mit dem Ort des Fragenden arbeitet) die stundenastrologische Frage: »Wer hat Recht?« Wir haben das Horoskop sofort von dem Computer berechnen lassen und staunten (*Horoskop 5*).

Deutung

Der Aszendent hat gerade ins Zeichen Skorpion gewechselt und steht auf 1°. Diese Deutungseinschränkung sagt uns, dass solche Fragen nicht über Fragehoroskope gelöst werden können. Die Frage kommt sowieso zu früh: Wir sollten das Problem noch weiter diskutieren, systematisch Erfahrungen sammeln usw. Das Horoskop bestätigt auch weiterhin die Frage haargenau. Der Aszendent in Skorpion: Es geht um eine schwierige Frage, um ein Thema, das noch weiter vertieft werden soll.

Der Mond ist gerade ins 8. Haus und ins Zeichen Zwillinge gewechselt (0°) und steht in einer gradgenauen Opposition zu Pluto: Ein Problem (8. Haus) wird grundlegend (Pluto) diskutiert (Zwillinge). Der Fragende selbst ist der AC-Herrscher Mars, der am MC dominiert: Der Fragende zieht mit seiner

Frage die Aufmerksamkeit auf sich. Seine »Gegner« werden
von der Herrscherin des 7. Hauses vertreten: Venus. Venus und
Mars nähern sich gegenseitig (Mars rückläufig!) in Opposition: Spannung zwischen zwei Parteien, die zwei verschiedene
Auffassungen vertreten. Wie exakt dieses Horoskop die Qualität der Zeit widerspiegelt! Diese schöne Erfahrung machen
Stundenastrologen immer wieder.

Teil II

Berechnung und Deutung

6

Die Berechnung des Stundenhoroskops

Ein Stunden- oder Fragehoroskop sieht im Großen und Ganzen einem Geburtshoroskop ziemlich ähnlich. Die Unterschiede sind auf die verschiedenen Anwendungsbereiche zurückzuführen. Nachfolgend eine Liste der Punkte, worauf Sie beim Erstellen eines Stundenhoroskops achten sollen.

Horoskop-Ort
Noch nicht endgültig gelöst wurde das Problem, ob das Fragehoroskop entweder für den Ort, wo der Astrologe sich befindet, oder für den Ort des Fragenden berechnet werden soll. Ich bin fest davon überzeugt, dass der Aufenthaltsort des Astrologen maßgebend ist. Gerade weil ich viele telefonische Fragen aus dem Ausland bekomme, habe ich so meine Erfahrungen sammeln können, weil nicht selten die Achsen und Häuserspitzen der beiden Orte in verschiedenen Tierkreiszeichen liegen, was für die Deutung viel ausmacht. Es gibt noch einen anderen Grund: Wenn jemand mir eine schriftlich formulierte Frage schickt, berechne ich das Horoskop für den Augenblick, an dem ich diese Frage lese. Wäre es dann nicht logisch, es auch für den Ort, wo die Frage gelesen wird, zu berechnen?

Häusersysteme
Placidus und *Regiomontanus* sind in der Stundenastrologie erfahrungsgemäß die geeignetsten Systeme. Beide Systeme unterscheiden sich in der Praxis nur geringfügig, so dass sie meistens zum gleichen Deutungsergebnis führen.

Ich selber trage in Stundenhoroskope sowohl *Placidus-* als auch *Regiomontanus-Häuser* ein und deute vorsichtiger,

wenn sich herausstellt, dass beide Systeme gravierende Deu-
tungsunterschiede liefern. Übrigens arbeiten fast alle englischen und amerikanischen Stundenastrologen (wahrscheinlich
nach dem Vorbild von dem berühmten englischen Stundenastrologen William Lilly) mit *Regiomontanus.* Andere Systeme wie z. B. *GOH, Equal, Campanus* haben sich für die
Stundenastrologie als eher ungeeignet erwiesen.
   In diesem Buch benutze ich (wie in meinem ersten Buch)
Placidus.

Drehung des Horoskops

Wenn ein Klient eine Frage über eine andere Person stellt,
sollten Sie das Horoskop »drehen«. In Horoskop 1 ging es um
die Frage eines Ehemannes über seine Frau. Um zu wissen, wo
die Frau sich zur Zeit der Fragestellung befand, habe ich das
Horoskop »gedreht« und die Häuser »umnummeriert«: Das
7. Haus des Horoskops wurde das 1. Haus der Frau, das
8. Haus des Horoskops ihr 2. Haus usw.
   Damit Sie Fehler in der Deutung vermeiden, sollten Sie die
Drehung des Horoskops *sofort* sichtbar machen, indem Sie die
Häuser mit der Hand umnummerieren. Manche Softwareprogramme bieten die Möglichkeit zur Drehung.

Planeten

In das Stundenhoroskop werden *Sonne, Mond, Merkur, Venus, Mars, Jupiter, Saturn,* sowie *Uranus, Neptun* und *Pluto*
eingetragen. Die sieben antiken Planeten bestimmen die eigentliche Deutung und liefern die Antwort auf die Frage; die
drei neuen Planeten können die Deutung verfeinern und ergänzen. Selbstverständlich steht es jedem frei, in der Stundenastrologie noch mit Chiron, Lilith und anderen modernen Horoskopfaktoren zu arbeiten. Ich möchte hier aber vor allzu großer Experimentierfreude warnen: Die Regeln der Stundenastrologie liegen seit Jahrhunderten fest, eben weil sie sich
bewährt haben.

Mondknoten

Tragen Sie sowohl den nördlichen (Drachenkopf) als den südlichen Mondknoten (Drachenschwanz) ein. Der Drachenkopf verleiht dem Haus, in dem er steht, nicht selten eine günstige, der Drachenschwanz eine ungünstige Note. Auch heißt es nach einer neueren Regel, dass Planeten, die in einem gleichen Grad wie die Mondknotenachse stehen, in der Deutung wichtiger werden und auf eine Art Lernprozess hinweisen. Die meisten Ephemeriden und Softwareprogramme bieten die Möglichkeit, zwischen dem mittleren und dem wahren Mondknoten zu wählen. Ich selber benutze die wahren Mondknoten.

Glückspunkt

Unter den zahllosen arabischen Punkten ist der Glückspunkt oder »Pars fortunae« zweifellos der Wichtigste. Nicht wenige Astrologen messen in der Stundenastrologie dem Glückspunkt eine gewisse Bedeutung bei, insbesondere in Fragehoroskopen bezüglich Geld und Besitz. Wenn dieser Punkt beispielsweise im Haus des Gefragten steht und/oder von den wichtigsten Signifikatoren gut aspektiert wird, würde das zur einer positiven Entwicklung der Sache beitragen. Umgekehrt würde der Glückspunkt im 8. oder im 12. Haus das Geschehen ungünstig beeinflussen usw. In den vielen Jahren, in denen ich schon mit der Stundenastrologie arbeite, bin ich zur Schlussfolgerung gelangt, dass ich den Glückspunkt nicht brauche. Sie sollten aber auch hier Ihre eigenen Erfahrungen sammeln.

Keine Aspekteintragung

In das Fragehoroskop sollen keine Aspektlinien und keine Aspekttabelle eingetragen werden, weil das in die Irre führen kann. Ein Fragehoroskop wird dynamisch gedeutet: Die Frage ist nicht, ob und welche Aspekte es zur Zeit der Fragestellung gab, sondern vielmehr, welche Aspekte die wichtigsten Planeten innerhalb der (dem) Zeichen, worin sie sich befinden, noch bilden werden.

Geschwindigkeit der Planeten

Eben weil ein Fragehoroskop dynamisch gedeutet wird, ist es empfehlenswert, sich die Geschwindigkeit, welche die Planeten am Tag der Fragestellung haben, anzeigen zu lassen. Die Bedeutung der Geschwindigkeit werde ich in Kapitel 8 behandeln.

Stundenherrscher

Es stellt sich heraus, dass die klassischen Stundenherrscher die Deutung von Fragehoroskopen manchmal ergänzen und verfeinern können. Deshalb empfehle ich Ihnen, in jedes Fragehoroskop den jeweiligen Stundenherrscher einzutragen. Wenn Sie dazu kein geeignetes Computerprogramm haben, können Sie den Stundenherrscher ziemlich leicht selbst berechnen. Bedeutung und Berechnung der Stundenherrscher kommen in Kapitel 11 zur Sprache.

Würden, Antiszien usw.

Manche Softwareprogramme für Horoskopberechnung listen die traditionellen Würden (Domizil – Exil, Erhöhung – Fall, Triplizität, »Grenzen«, »Gesicht«), Antiszien und andere traditionelle Daten jedes einzelnen Planeten auf. Diese Auflistung kann Ihre Arbeit erleichtern.

Breite und Deklination

Einige Stundenastrologen benutzen *Parallelaspekte*: Zwei Planeten bilden einen Parallelaspekt, wenn sie die gleiche nördliche oder südliche Breite oder die gleiche Deklination haben. Ein Parallelaspekt wird meistens als eine Art Konjunktion bewertet. Wenn aber der eine Planet beispielsweise 4° nördliche Breite hat und der andere 4° südliche Breite, wird das als *Contra-Parallelaspekt* bezeichnet und wie eine Opposition gedeutet. Ich habe mich von der Wirkung solcher Aspekte nicht richtig überzeugen können, aber Sie sollten hier Ihre eigenen Erfahrungen sammeln. Einige Ephemeriden (wie z. B. *Die Deutsche Ephemeride)* wie auch die meisten Softwareprogramme enthalten Angaben über Breite und Deklination der Planeten.

Fixsterne?

Nach meiner Erfahrung haben Fixsterne weniger in der Stundenastrologie als vielmehr in der Mundanastrologie eine Bedeutung. Das Problem ist auch, mit welchen Fixsternen man arbeiten soll: Es gibt davon so viele, dass fast jeder Tierkreisgrad besetzt ist. Ich bin nach der Deutung von Hunderten von Fragehoroskopen zur Schlussfolgerung gekommen, das ich auf die Fixsterne verzichten kann, weil sie höchstens manchmal eine Ergänzung zur Deutung bieten, aber die Deutung selbst kaum beeinflussen.

Horoskop 6
»Kunstreise nach Frankreich?«

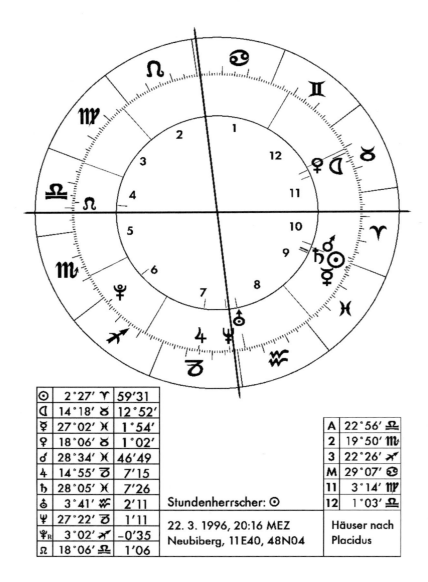

☉	2°27' ♈	59'31
☽	14°18' ♉	12°52'
☿	27°02' ♓	1°54'
♀	18°06' ♉	1°02'
♂	28°34' ♓	46'49
♃	14°55' ♑	7'15
♄	28°05' ♓	7'26
⚷	3°41' ♒	2'11
♆	27°22' ♑	1'11
♇ʀ	3°02' ♐	-0'35
☊	18°06' ♎	1'06

A	22°56' ♎
2	19°50' ♏
3	22°26' ♐
M	29°07' ♋
11	3°14' ♍
12	1°03' ♎

Stundenherrscher: ☉

22. 3. 1996, 20:16 MEZ
Neubiberg, 11 E40, 48 N04

Häuser nach Placidus

Fall 6
»Kunstreise nach Frankreich?«

Interessant an diesem Horoskop
• Drehung des Horoskops
• Zeitbestimmung des Ereignisses mittels Transite

Die Frage
Ein Mann fragt mich, ob er an einer Kunstreise nach Frankreich teilnehmen soll. Die Reise wird von einem von ihm sehr geschätzten Lehrer für Kunstgeschichte geleitet.

Ein unerwartetes Ereignis
Obwohl sich die Frage bestätigt (AC in Waage: Schönheit; Venus (H1) und Mond in Stier: Kunst), fand ich das Horoskop damals nicht besonders deutlich. Bedeutet Venus an der Spitze von 8 (Probleme) und ohne Aspekt zu Merkur (H9: Reise, Lehrer) etwa, dass mein Klient sich für diese schöne Reise im September nicht anmelden sollte? Weil der Fragende sich auch mit Stundenastrologie befasst, habe ich ihm diese Erwägung mitgeteilt und ihm gesagt, dass er selbst entscheiden sollte. Mein Klient beschloss, seine Entscheidung so lange wie möglich zu verschieben. Dann passierte Anfang Juni etwas völlig Unerwartetes: Der Lehrer ist plötzlich gestorben (Schlaganfall).

Horoskopanalyse
Venus, die als Herrscher des Aszendenten den Fragenden verkörpert, steht an der Spitze des 8. Hauses: Der Fragende wurde mit dem Tod konfrontiert.

Auslandsreisen *und* Lehrer fallen unter das 9. Haus. Merkur, der als H9 (Spitze in Zwillinge) sowohl die Reise als auch den Lehrer verkörpert, steht in Fische schwach (Exil) und wird Konjunktionen mit den beiden »Übeltätern« Saturn und Mars bilden. Zu erwähnen ist vielleicht, dass diese Konjunktionen sich in unmittelbarer Nähe von *Scheat* (auf 29°20' Fische) verwirklichen, einem der »bösesten« Fixsterne am Himmel. Saturn ist im gedrehten Horoskop H8 (Tod) des Lehrers: Das 4. Haus des Horoskops (mit Spitze in Steinbock) ist das 8. Haus vom 9. Haus aus gerechnet. Neptun und Uranus an der Spitze dieses Hauses deuten auf den plötzlichen Tod des Lehrers hin.

Zeitbestimmung

Wer die Planetenstände der ersten Junitage '96 in die Deutung einbezieht, stellt fest, dass Transite über Fragehoroskope sich kräftig bemerkbar machen können. Am 29. Mai bildeten Merkur und Mars eine Konjunktion auf 19°Stier, an der Spitze des 8. Hauses und in Konjunktion mit Venus (H1) im Fragehoroskop. In dieser Zeit kehrte die rückläufige Transit-Venus aus dem 9. Haus ins 8. Haus zurück und bildete ein Quadrat zur Merkur-Saturn-Mars-Konjunktion im Fragehoroskop.

Die Methoden zur Zeitbestimmung werden ausführlich in Kapitel 9 behandelt.

7

Grundregeln der Deutung

Signifikatorenbestimmung

Die *Signifikatoren* sind die Planeten, die für die Deutung bestimmend sind. Die *Hauptsignifikatoren* (HS) sind die jeweiligen Herrscher der Häuser; die *Nebensignifikatoren* (NS) sind die Planeten, die im jeweiligen Haus stehen sowie der Planet, dessen Charakter mit der Frage verwandt ist.

• Der AC-Herrscher (Herrscher von 1 = H1), der Mond und Planeten im 1. Haus vertreten den Fragenden. Vertritt ein Planet sowohl den Fragenden als auch das Gefragte (»Doppelbeziehung«), dann wird der Mond meistens Hauptsignifikator (HS) des Fragenden, manchmal auch des Gefragten.

• Als Herrscher und Hauptsignifikatoren kommen *nur die antiken Planeten* (Sonne bis Saturn) in Betracht. Die neuen Planeten Uranus, Neptun und Pluto können als Nebensignifikatoren (NS) die Deutung gegebenenfalls ergänzen und verfeinern, insbesondere wenn sie an einer Achse dominieren.

• Wird eine Frage für eine andere Person gestellt, wird das Horoskop »gedreht« und die Häuser werden *umnummeriert*. Beispielsweise wird das Kind des Fragenden durch Haus 5 symbolisiert, eine Krankheit dieses Kindes findet sich in Haus 6 ab 5 = 10 usw.

Zuordnungen der Signifikatoren pro Haus

1. Haus: Fragende(r). NS: *Mond.*

2. Haus: Besitz, Talente, Einkommen, Geld, Aktien und Wertpapiere (bei Verkauf), Schmuck und andere Wertgegenstände. NS: *Venus* und oft auch *Merkur.*

3. Haus: Geschwister, kurze Reisen, Nahverkehr und Transportmittel (Autos, Busse, Fahrräder usw.), Nachrichten, Sprachen, Kommunikationsmittel (Telefon, Telegramme, Briefe, Bücher, Zeitungen, Radio, Fernsehen), Computer, Grundschule, Nachbarn, Besuch, Agenturen. NS: *Merkur.* Wenn es um die elektronischen Kommunikationsmittel geht: *Uranus.*

4. Haus: Mutter (oder Vater), Schwangerschaft, Lebensanfang und Lebensende, Ruhestand, Heim, Heimat, Zuhause, Familie, Immobilien (Grundstücke, Häuser), unterirdische Räume (Minen, Gräber), Privatleben.

5. Haus: Kinder, Haustiere insofern sie als Ersatzkinder betrachtet werden, Hobbys, Freizeit, Vergnügungen, kreative Selbstdarstellung, Theater, Luxus, (Glücks-) spiele, Lotterien, Lotto, Glücksfaktor bei Prüfungen, Spekulationsgeschäfte und Risiken, Geliebte, Liebesaffären, freie Arbeitsverhältnisse.

6. Haus: Arbeit als Angestellter/Beamter, Krankheiten, Ernährung, Bedienstete und Angestellte, Untermieter, die kleineren Haustiere (Hunde, Katzen, Schildkröten, Kanarienvögel usw.), Geräte und Instrumente, theoretische Prüfungen, Fachschulen, Einzelhandel.

7. Haus: der (feste) Partner, Ehe und Ehebruch, die andere Partei (u. a. bei Kauf und Verkauf), der Astrologe, öffentliche Feinde, Publikum, alle Personen, die man nicht anderen Häusern zuordnen kann, Wettbewerb, Prozesse, Diebe und Diebstahl (NS für diese beiden: 12. Haus und *Merkur*), Ärzte.

8. Haus: Erbschaft, der Besitz der anderen, Aktien und Wertpapiere (bei Kauf), Kredite, Operationen, Geburt und Tod, chemische (schulmedizinische) Medikamente, Okkultismus, Tätigkeiten im Untergrund, Tabus, Sexualität, Erpressung, Terrorismus, Schwierigkeiten und Probleme NS: oftmals *Mars, Pluto.*

9. Haus: Ausland, ferne Reisen, Emigration, Ambitionen und Ideale, Philosophie, Religion, Zeremonien und Rituale (u. a. Hochzeit), Wissenschaft, Universitäten, höhere Ausbildung (Gymnasien), Lehrer, Pädagogik, Psychologie, alternative Medizin, Homöopathie, Heilpraktiker, Träume und Visionen, Weissagung. NS: oftmals *Jupiter.*

10. Haus: Vater (oder Mutter), Autoritäten und Behörden, Polizei, Chefs, Direktoren, selbständige Berufe, Karriere, berühmte Menschen, das öffentliche Leben, Ruf, Berufung, Ruhm, der Preis (bei Kauf und Verkauf), Resultat, Ziel, Richterspruch. NS: oftmals *Saturn.*

11. Haus: Wünsche und Hoffnungen, Freunde, Kollegen, Protektion, Vereine, Wohltätigkeitsorganisationen, Gruppenaktivitäten, Flugzeuge und Fluggesellschaften, Parlamente, Demokratie, Wahlen, moderne Technik (Elektrizität, Elektronik), Experimente, Zukunft.

12. Haus: Pech und Unglück, Verluste, Gefängnisse, Krankenhäuser, Konzentrationslager, Kloster, Internate, Kriminalität, heimliche Feinde, Verschwörungen, Spionage, Erpressung, Anonymität, Einsamkeit, Verbannung, psychische Probleme, schwere Erkrankungen, Drogen, Alkohol, homöopathische Mittel, Vergiftung, Umweltverschmutzung, Lebensende, größere Nutztiere, Vieh (Pferde, Kühe usw.).

Aspektbildung

- In einem Fragehoroskop haben nur die *applikativen* Aspekte, das sind die Aspekte, die noch voll (exakt) werden, eine Bedeutung. Die *separativen* Aspekte (Aspekte, die schon exakt gewesen sind) nehmen keinen Einfluss auf den Verlauf der Ereignisse mehr und erzählen höchstens, was in der Sache schon geschehen ist. Selbstverständlich bestimmt der schnellere der beiden Planeten, ob ein Aspekt applikativ oder separativ ist, denn er ist der Aspektbilder.

- *Hauptregel*: Wenn die Signifikatoren des Fragenden und des Gefragten *innerhalb ihrer Zeichen* einen guten *applikativen Hauptaspekt* (Trigon oder Sextil) bilden, kommt die Sache meistens zustande. Bei Quadrat oder Opposition sind die Schwierigkeiten zu groß und lohnen die Anstrengungen nicht. Die Konjunktion ist neutral: Sie fügt Personen bzw. Sachen zusammen, gleich ob dies gewünscht wird oder nicht.

- Die Angelegenheit kann übrigens noch *vereitelt* werden, wenn *vor* dem günstigen Aspekt zuerst noch ein ungünstiger Aspekt fällig wird. Der Aspekt *geht verloren*, wenn er erst im nächsten Zeichen / in den nächsten Zeichen zustande kommt oder wenn der schnellere Planet vor der eigentlichen Aspektbildung rückläufig wird. Dagegen kann ein separativer Aspekt wieder applikativ werden, indem der schnellere Planet rückläufig wird und erneut den Aspekt mit dem langsameren Planeten bildet: *Wiedervereinigung*.

- Von *Übertragung des Lichts* ist die Rede, wenn zwei Planeten keinen Aspekt bilden, aber ein dritter schnellerer Planet zuerst den einen und unmittelbar darauf den anderen Planeten aspektiert. Oft bedeutet dies, dass der dritte Planet (eine Person oder eine Angelegenheit) in der Sache vermittelt. Von *Sammlung des Lichts* ist die Rede, wenn zwei Planeten, die keinen Aspekt bilden, nacheinander einen dritten langsameren Planeten aspektieren. Die Bedeutung ist etwa die gleiche wie bei *Übertragung des Lichts*.

- Wenn zwei Planeten in *gegenseitiger Rezeption* stehen, kann das als eine Art Konjunktion bewertet werden. Die Bedeu-

tung der gegenseitigen Rezeption wird ausführlich in Kapitel 8 behandelt.
• Die kleineren Aspekte (Halbsextil, Halbquadrat, Anderthalbquadrat usw.) werden in der Stundenastrologie in der Regel nicht in Betracht gezogen. Nur der Quinkunx-Aspekt kann manchmal eine negative Rolle spielen.

Der Mond

• Der Mond informiert oft über den Gemütszustand des Fragenden.
• Die Aspekte, die er im Zeichen, in dem er sich befindet, noch bildet, geben Hinweise auf die weitere Entwicklung der Angelegenheit. (»*Der Mond erzählt die Geschichte.*«)
• *Mond im Leerlauf*: Wenn der Mond keinen Hauptaspekt mehr bildet, bevor er das Zeichen, in dem er sich befindet, verläßt, geschieht in der Sache oft nichts mehr.

Antiszien und Contra-Antiszien

Zwei Planeten stehen in *Antiszie*, wenn sie in Bezug auf die Achse 0° Krebs/Steinbock (die Solstitien oder Sonnenwendpunkte) die gleiche Länge haben. Beispiel: Der eine Planet steht auf 18° Zwillinge, der andere auf 12° Krebs: Beide sind 12° von der Achse 0°Krebs/Steinbock entfernt. Obwohl die beiden sich nicht aspektieren, kann man diese Antiszien (oder Spiegelpunkte) als eine (schwache) Konjunktion bewerten.

Von *Contra-Antiszie* spricht man, wenn zwei Planeten sich an der Achse 0° Widder/Waage (die Äquinoktien oder Tagundnachtgleichepunkte) spiegeln. Ein Planet auf 18° Zwillinge hat sein Contra-Antiszie auf 12° Steinbock: Beide sind 78° von der Achse 0°Widder/Waage entfernt. Die Contra-Antiszie eines Planeten ist immer in Opposition zum Antiszie! Die Contra-Antiszie kann als eine (schwache) Opposition bewertet werden.

Wichtig: Antiszie und Contra-Antiszie haben für einen Planeten nur eine Bedeutung, wenn dieser keine anderen Aspekte bildet.

Orben und »Moieties«

Im Grunde sind nach meiner Erfahrung nur die Aspekte wirksam, die *innerhalb der Zeichen, in denen die betroffenen Planeten sich befinden*, auch wirklich zustande kommen. In der englischen Stundenastrologie wird aber nach Vorbild von William Lilly mit Orben und halben Orben (»Moieties« → französisch: »moitié« = »Hälfte«) gearbeitet (Tabelle 1).

Planet	Orbis	Moitié
Sonne	15°	7 1/2°
Mond	12°	6°
Merkur	7°	3 1/2°
Venus	7°	3 1/2°
Mars	8°	4°
Jupiter	9°	4 1/2°
Saturn	9°	4 1/2°

Tabelle 1: Orben und Moieties

Nach dieser Auffassung ist ein Aspekt zwischen zwei Planeten wirksam, solange die beiden Planeten sich innerhalb der Summe der beiden »Moieties« befinden. So ist ein Aspekt zwischen Merkur und Venus wirksam, solange dieser Aspekt sich innerhalb 7° (= 3 1/2° + 3 1/2°) von seinem Exaktwerden bewegt; ein Aspekt zwischen Sonne und Jupiter wirkt innerhalb 12° (= 7 1/2° + 4 1/2°) usw. Diese Regel würde nicht nur für separative Aspekte gelten, sondern auch für applikative Aspekte, die erst im nächsten Zeichen zustande kommen! Ein Beispiel: Der Mond auf 28° Stier und Mars auf 6° Zwillinge. Der erste Aspekt des Mondes ist die Konjunktion mit Mars, der 8° von dem Mond entfernt ist und sich damit innerhalb der Summe der beiden »Moieties« befindet (6° + 4° = 10°). Nach der oben genannten Regel würde der Mond jetzt nicht im Leerlauf sein, was in einem Fragehoroskop gegebenenfalls zu einem stark unterschiedlichen Deutungsergebnis führen könnte.

Ich erwähne hier diese nach meiner Erfahrung unwirksame Regel nur, weil sie von vielen Astrologen im englischsprachigen Raum (mit Erfolg?) angewandt wird.

Horoskop 7
»Soll ich weiter kämpfen?«

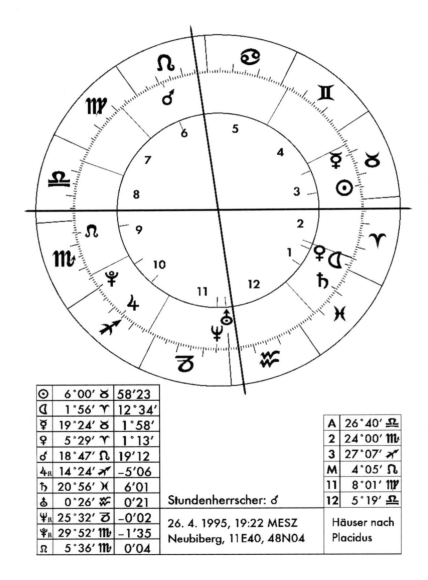

☉	6°00' ♉	58'23
☽	1°56' ♈	12°34'
☿	19°24' ♉	1°58'
♀	5°29' ♈	1°13'
♂	18°47' ♌	19'12
4ᴿ	14°24' ♐	-5'06
♄	20°56' ♓	6'01
♅	0°26' ♒	0'21
♆ᴿ	25°32' ♑	-0'02
♇ᴿ	29°52' ♏	-1'35
☊	5°36' ♏	0'04

A	26°40' ♎
2	24°00' ♏
3	27°07' ♐
M	4°05' ♌
11	8°01' ♍
12	5°19' ♎

Stundenherrscher: ♂

26. 4. 1995, 19:22 MESZ
Neubiberg, 11E40, 48N04

Häuser nach
Placidus

Fall 7
»Soll ich weiter kämpfen?«

Interessant an diesem Horoskop:
- Die Drehung des Horoskops
- Die Rolle des Mondes (Übertragung des Lichts)

Die Frage
Eine allein erziehende Mutter sorgt sich um ihre 14-jährige Tochter, die voll in der Pubertät steht. Sie ist eine gute Gymnasialschülerin, die in der letzten Zeit relativ schlecht abschneidet und jetzt das Ganze hinschmeißen und vom Gymnasium in die Realschule wechseln will. Weil ihre Lehrer das, wenigstens vorläufig, unnötig finden, versucht die Mutter schon seit einiger Zeit, ihr Kind davon zu überzeugen, die Schule ernst zu nehmen und zu arbeiten. Ihr Kampf war bis jetzt erfolglos; sie ist erschöpft und will eigentlich am liebsten nachgeben. Sie stellt die Frage: *»Soll ich weiter kämpfen?«* (Horoskop 7)

Mehrfache Widerspiegelung der Frage:
Der AC auf 26°40' befindet sich gerade noch nicht in den letzten drei Graden eines Zeichens: ein Hinweis, dass die Fragende tatsächlich mit ihrem Kampf fast »am Ende« ist.
- AC Waage: Die Fragende sehnt sich nach Frieden.
- AC-Herrscher (H1) Venus und Mond auf der Grenze zwischen Haus 5 und 6: Die Mutter beschäftigt sich mit ihrem Kind (5) und dessen Möglichkeiten und Talenten (6 = 2 ab 5). Und auch: Sie macht sich Sorgen (6).
- Venus und Mond in *Widder*: *»Soll ich kämpfen?«*
Aufgrund dieser mehrfachen Widerspiegelung darf der Stundenastrologe das Horoskop deuten.

Signifikatorenbestimmung
- HS (Hauptsignifikator) Fragende: H1 = Venus
- HS Tochter: H5 = Jupiter
- NS (Nebensignifikator) Tochter: Saturn im 5. Haus
- Der Mond ist meistens NS der Fragenden, hat aber, wie wir sehen werden, in diesem Fall noch eine andere Rolle gespielt.

Drehung des Horoskops
Wenn eine Frage über eine andere Person gestellt wird, müssen wir das Horoskop »drehen« oder umnummerieren. Das 5. Haus im Horoskop ist das 1. Haus der Tochter, das 6. Haus im Horoskop ihr 2. Haus usw. Auf diese Weise können wir noch ein paar andere Signifikatoren bestimmen:
- H2 ab 5 = H6 des Horoskops = Mars: die Begabung der Tochter; Mars ist auch H10 der Tochter: ihre Schulkarriere;
- H9 ab 5 = H1 des Horoskops = Venus: die gymnasiale Ausbildung;

Dass Venus jetzt sowohl die Mutter als auch das Gymnasium verkörpert, ist eine zusätzliche Bestätigung der Frage. Interessant ist auch, dass H4 der Tochter, ihre Mutter, ebenfalls Venus ist. (H4 ab 5 = H8 = Venus)

Obwohl diese Drehung des Fragehoroskops wichtig ist, wird sie oft übersehen, was zu falschen Deutungen führt.

Kräfteverhältnisse der Signifikatoren
- H1, Venus (Mutter), steht schwach in Widder (Exil) und im 6. Haus; zudem steht sie in einem gleichen Grad wie die Mondknotenachse (5°), was auf eine Krise hindeutet.
- H5, Jupiter (Tochter), steht im eigenen Zeichen Schütze stark, ist aber rückläufig.
- H2, 3 und 10 der Tochter, Mars, steht stark im Feuerzeichen Löwe. Weil er vor kurzem rückläufig war, ist er noch relativ langsam (19 Minuten pro Tag), gewinnt aber an Schnelligkeit.

Die Bewertung der Stärke der Planeten wird ausführlich im nächsten Kapitel behandelt.

Die wichtigsten Aspekte

- Der Mond bildet zuerst die Konjunktion mit Venus, unmittelbar darauf das Trigon zu Jupiter, dann das Trigon zu Mars und zum Schluss das Quadrat zu Neptun.
- Venus bildet das Trigon zu Jupiter und zu Mars, und das Quadrat zu Neptun.
- Merkur (NS für den Intellekt) bildet ein Sextil zu Saturn im 1. Haus der Tochter.

Besonderheit

- Uranus steht auf 0° Wassermann dominierend an der Achse (IC).

Deutung und Antwort

Dass die Tochter an sich eine gute Schülerin ist, zeigt ihr Planet Jupiter im eigenen Zeichen Schütze in ihrem Haus 10 (Schullaufbahn). Die Rückläufigkeit deutet auf ihre derzeitigen unbefriedigenden schulischen Leistungen. Wie Jupiter zeigt auch Mars, H2, 3 und 10 der Tochter, dass das Mädchen gute Möglichkeiten hat (Mars in Feuer), die aber derzeit nicht zur Entfaltung kommen (Mars noch relativ langsam in ihrem 6. Haus: Arbeitsdisziplin). Das 5. Haus hat seine Spitze in Fische: Die Tochter ist derzeit verträumt, lässt sich leicht ablenken. Der in Fische schwach stehende Saturn könnte auf Blockaden und Ängste aus dem Unterbewusstsein (Fische) hinweisen. Dass die Mutter erschöpft ist und den Kampf beenden möchte, zeigt uns die äußerst geschwächte Venus. Aber die Trigone, die Venus und Mond zu Jupiter bilden, lassen vermuten, dass die Sache ohne große Probleme in Ordnung kommt. (Während Sextile meistens noch eine Initiative verlangen, lassen Trigone die Dinge von selbst geschehen.)

Aufgrund dieser Deutung habe ich der Mutter Mut gemacht: »*Wenn Sie nicht mehr kämpfen wollen, dann kämpfen Sie eben nicht. Ihre Tochter wird meiner Meinung nach das Gymnasium nicht verlassen.*«

Ablauf

Drei Tage nach meiner Antwort war die Mutter allein zu
Hause, als unerwartet eine Klassenkameradin der Tochter vor-
beikam. Weil ihre Tochter nicht da war, geriet die Mutter mit
dem Mädchen ins Gespräch und fragte sie, ob sie nicht versuchen könnte, auf ihre Tochter einzuwirken. Die Freundin hat
das versprochen und ... es ist ihr auch gelungen, ihre Freundin
auf dem Gymnasium zu halten!

Die Rolle des Mondes

Der Mond in diesem Horoskop zeigt uns diesen Ablauf: Nach
drei Graden, die (wie wir in Kapitel 9 sehen werden) eine
Zeiteinheit von 3 Tagen bedeuten können, bildet er die Konjunktion mit Venus (Mutter) und »überträgt« in einem Trigon
ihr Licht auf Jupiter (Tochter). Die klassische Bedeutung einer
solchen »Übertragung des Lichts« lautet: Eine dritte Person
wird in der Sache vermitteln! Der auf 0° Wassermann am IC
dominierende Uranus erzählt uns, dass diese Vermittlerrolle
unerwartet (Uranus, 0°) von einer Freundin (Uranus im
11. Haus der Tochter, in Wassermann) gespielt wurde.

Aufgrund der Tatsache, dass Jupiter noch längere Zeit rückläufig war (bis 5° Schütze), kann man vermuten, dass die
schulischen Leistungen der Tochter sich nicht sofort nach ihrem Entschluss gesteigert haben und dass sie vielleicht das Jahr
wiederholen musste.

Langsame Planeten am Ende eines Zeichens

Wenn ein langsamer Planet am Ende eines Zeichens steht (wie
in diesem Horoskop Neptun), werden eine Zeit lang der Mond
und andere schnelle Planeten sehr oft ihren letzten Aspekt mit
diesem langsamen Planeten bilden. Diese Aspekte spielen
meistens nur eine wichtige Rolle, wenn sie relativ schnell zustande kommen (Orbis kleiner als 5°) und der langsame Planet
eine besondere Bedeutung für die Frage hat, indem er beispielsweise dominierend an einer Achse steht. In diesem Horoskop ist das nicht der Fall.

8

Wer gewinnt?
Die Kräfteverhältnisse der Planeten

»Gut« und »schlecht«, »stark« und »schwach«
In der Deutung der meisten Stundenhoroskope ist es äußerst
wichtig, die Stärke der für die Frage wichtigen Planeten zu
bestimmen. Insbesondere ist das der Fall in Horoskopen, die
sich auf Fragen über Auseinandersetzungen, Prozesse, Verträge usw. beziehen. Die Partie, die von dem stärkeren Planeten vertreten wird, hat die besten Chancen zu gewinnen. *Gut*
steht ein Planet, wenn er seine positiven Eigenschaften entwik-
keln kann; *schlecht* steht ein Planet, wenn er in der Lage ist,
seine negativen Eigenschaften zu entfalten.

Stark steht ein Planet, wenn er viel Kraft hat und das Geschehen dominieren kann; *schwach* steht ein Planet, wenn er
wenig Kraft hat.

So braucht ein Planet, der »schlecht« steht, nicht unbedingt
schwach zu sein! Wenn beispielsweise ein Planet in seinem Fall
steht und zur gleichen Zeit an einer Achse dominiert, dann
steht er kräftig und kann seine schlechten Eigenschaften umso
stärker zur Geltung bringen. Umgekehrt kann ein Planet in
seinem Domizil beispielsweise von der Sonne verbrannt sein
oder im Leerlauf stehen und so daran gehindert werden, seine
guten Eigenschaften zu entfalten.

Weil in Stundenhoroskopen die Planeten meistens als Hausherrscher auftreten, ist der Unterschied zwischen »gut« und
»stark« und »schlecht« und »schwach« nicht so stark wie
beispielsweise in Geburtshoroskopen.

Gut stehen Planeten, die:
- »Würde« haben: in ihrem Domizil, in der Erhöhung, in der Triplizität, in »den Grenzen«, oder im »Gesicht« stehen;
- in gegenseitiger Rezeption stehen;
- in ihren »Freuden« stehen;
- in einem Zeichen desselben Geschlechts stehen.

Schlecht stehen Planeten, die:
- in ihrem Exil, im Fall, in Peregrinität stehen;

Stark stehen Planeten, die:
- sich an den Achsen oder in einem Eckhaus befinden;
- gute Aspekte empfangen, insbesondere von den Wohltätern Jupiter und Venus;
- in ihrem eigenen Licht stehen, das heißt ein Tagplanet in einem Taghoroskop über dem Horizont, ein Nachtplanet in einem Nachthoroskop über dem Horizont;
- relativ schnell sind.

Schwach stehen Planeten, die:
- rückläufig sind;
- in der Verbrennung (innerhalb ca. 8°30' der Sonne) stehen oder sich »unter den Strahlen der Sonne« (innerhalb ca. 17° der Sonne) befinden;
- sich im 6., 8. oder 12. Haus befinden;
- zwischen den Übeltätern Mars und Saturn (in »Belagerung«) stehen oder/und schlechte Aspekte empfangen, insbesondere von Mars und Saturn;
- sich in einem eingeschlossenen Zeichen befinden;
- in einem kritischen Grad stehen;
- im Leerlauf sind;
- relativ langsam sind.

Tag- und Nachtplaneten

Die Tagplaneten sind: *Sonne, Jupiter* und *Saturn*; die Nachtplaneten *Mond, Venus* und *Mars*. *Merkur* ist doppelgesichtig: Er ist Tagplanet, wenn er sich mit einem anderen Tagplaneten verbindet und Nachtplanet mit den Nachtplaneten.

Tag- und Nachthoroskope

Ein Taghoroskop ist ein Horoskop, in dem die Sonne über dem Horizont steht; in einem Nachthoroskop steht die Sonne unter dem Horizont.

Natur der Planeten und der Tierkreiszeichen

Ptolemäus gibt in seinem *Tetrabiblos* Planeten und Tierkreiszeichen die folgenden Qualitäten:

Warm und trocken sind: Sonne, Mars, und die Feuerzeichen Widder, Löwe, Schütze;

Warm und feucht sind: Jupiter, und die Luftzeichen Zwillinge, Waage, Wassermann;

Kalt und trocken sind: Saturn, Merkur, und die Erdzeichen Stier, Jungfrau, Steinbock;

Kalt und feucht sind: Mond, Venus, und die Wasserzeichen Krebs, Skorpion, Fische.

Obwohl *Merkur* meistens kalt und trocken genannt wird, passt er sich nach anderen Autoren wieder den Umständen an und kann auch andere Eigenschaften zeigen.

Die oben genannten Qualitäten sind u.a. wichtig bei der Bestimmung der Triplizitätenherrscher (s. unten) und bei der Bewertung der Stundenherrscher (s. Kapitel 11).

Wohltäter und Übeltäter

Nach der Tradition ist *Jupiter* der größere und *Venus* der kleinere Wohltäter, *Saturn* der größere und *Mars* der kleinere Übeltäter. Als Hausherrscher können sich in der Stundenastrologie aber Wohltäter in Übeltäter verwandeln und umgekehrt. Wenn beispielsweise in einem Stundenhoroskop für eine

Frage über eine Krankheit Jupiter der Herrscher des 6. Hauses (mit Spitze in Schütze) ist, wird Jupiter der Signifikator für die Krankheit. Einige Autoren der Antike behaupten aber, dass in diesem Fall sich das Unheil nicht so stark auswirkt, als wenn Saturn oder Mars der Herrscher von 6 gewesen wäre. Der Unterschied zwischen Wohltätern und Übeltätern sollte mit Vorsicht angewandt werden. Selbstverständlich können auch in Stundenhoroskopen die sogenannten Übeltäter Mars und Saturn ihre positive Eigenschaften entfalten: Mars beispielsweise als Energie, Durchsetzungskraft, Saturn als Struktur, Festigung, Konzentration usw., während umgekehrt die Wohltäter auch ihre negativen Seiten zeigen können: Jupiter als Übertreibung, Venus als Genusssucht usw.

Dispositoren
Der Planet, der das Zeichen, in dem ein anderer Planet steht, beherrscht, ist der Dispositor dieses letzten Planeten. Steht dieser letzte Planet schwach, so wird für dessen Wohlbefinden erfahrungsgemäß der Dispositor wichtiger. Als Dispositoren kommen gegebenenfalls nicht nur die antiken Planeten, sondern auch die neuen Herrscher Uranus, Neptun und Pluto in Betracht. Beispiel: Wenn ein Planet in Wassermann steht, ist Saturn sein antiker, Uranus sein moderner Dispositor.

Domizil und Erhöhung
Ein Planet in seinem Domizil oder in seiner Erhöhung steht recht gut, weil er dort seine besten Eigenschaften entfalten kann.

Im Kreis in Abbildung 1 finden Sie die Zuordnungen der Domizile der antiken Planeten: Sonne und Mond haben jeweils in Löwe und Krebs ihre Domizile, während die Domizile von Merkur, Venus, Mars, Jupiter und Saturn sich an beiden Seiten der Domizile der zwei Lichter gruppieren. Bitte beachten: In der Stundenastrologie herrscht Mars nicht nur über Widder, sondern auch über Skorpion, Jupiter sowohl über Schütze als auch über Fische und Saturn über Steinbock _und_

Wassermann. Im Außenkreis sind die Planeten den Zeichen ihrer Erhöhung zugeordnet. Auffällig ist, dass Merkur nach der Tradition seine Erhöhung in Jungfrau findet, wo er auch sein Domizil hat. Aus diesem Grund wäre zu erwägen, ob Merkur nicht im Luftzeichen Wassermann erhöht sein könnte.

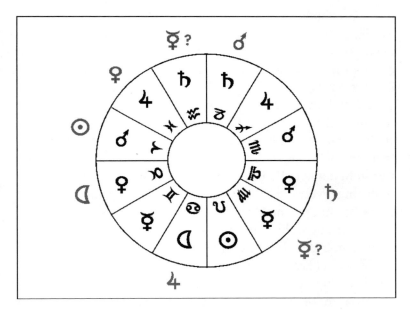

Abbildung 1: Domizile und Erhöhungen

Exil und Fall

Im Exil steht ein Planet im Zeichen, das gegenüber dem Zeichen liegt, in dem er sein Domizil hat. Mit Ausnahme der beiden Lichter Sonne und Mond haben alle antiken Planeten zwei Domizile und damit auch zwei Exile. So hat beispielsweise Mars seine Domizile in Widder und Skorpion und deshalb seine Exile in Waage und Stier.

Im Fall steht ein Planet im Zeichen gegenüber dem Zeichen, in dem er erhöht ist. So steht Mars in Steinbock erhöht und deshalb in Krebs im Fall.

Wie schon erwähnt steht ein Planet im Exil oder Fall nicht unbedingt schwach. Vielmehr entwickelt er dort seine negativeren Eigenschaften.

Triplizität

Im Tierkreis gibt es die Feuer-, Luft-, Erde- und Wasser-Triplizität. Von einem Planeten in seiner Triplizität heißt es, dass er gut steht. Das Problem bei der Bestimmung der Triplizitätsherrscher ist aber, dass man nach verschiedenen Kriterien vorgehen kann. Nehmen wir beispielsweise Mars: Als Herrscher von sowohl Widder (Feuer) als Skorpion (Wasser), könnte er Triplizitätsherrscher in sowohl Löwe und Schütze (Feuer) als auch in Krebs und Fische (Wasser) sein. Die Triplizität in Löwe und Schütze leuchtet ein, weil nach Ptolemäus sowohl Mars als auch die Feuerzeichen *warm und trocken* sind. In Krebs aber steht der rote Planet im Fall und auch in Fische scheint der zielstrebige Mars nicht wirklich zu Hause zu sein. Nach meiner Auffassung steht Mars in Fische eher »peregrin« (s. S. 81).

Demzufolge sieht man, dass die Autoren der Antike bei der Bestimmung der Triplizitätsherrscher auf verschiedenste Art und Weise vorgegangen sind. Nicht selten wird dabei auch zwischen Tag- und Nachtherrscher differenziert. So wendet der große englische Astrologe William Lilly (1602–1681. Siehe Kapitel 11) diese Differenzierung an (Tabelle 2).

Ich kann Ihnen nur raten, bei der Bestimmung der Triplizitätenstärke intuitiv und vor allem vorsichtig vorzugehen.

Element	Tagesherrscher	Nachtherrscher
Feuer	Sonne	Jupiter
Erde	Venus	Mond
Luft	Saturn	Merkur
Wasser	Mars	Mars

Tabelle 2: Die Triplizitäten nach William Lilly

Grenzen *(»Termini«)*

In der antiken Astrologie wurde jedes Tierkreiszeichen in fünf ungleich große Abschnitte, die »Grenzen« (Latein: »Termini«), eingeteilt, die jeweils den fünf Planeten Merkur, Venus, Mars, Jupiter und Saturn zugeordnet wurden. (Sonne und Mond haben keine Grenzen.) Für die Bestimmung der Grenzen gab es verschiedene Methoden, die nur geringfügig voneinander abweichen. Dass sich in der Stundenastrologie das sogenannte ptolemäische System durchgesetzt hat, geht zweifellos auf das Konto des englischen Stundenastrologen William Lilly, der in seinem berühmten Werk *Christian Astrology* (1647) dieses System aus Ptolemäus' *Tetrabiblos* übernommen hat.

Weil die Begründung der Würde der *Grenzen* ziemlich schwer nachvollziehbar ist, werde ich sie hier nicht erklären und verweise dafür auf die einschlägige Literatur, beispielsweise auf Ptolemäus' *Tetrabiblos* und Rafael Gil Brands ausgezeichnetes *Lehrbuch der klassischen Astrologie* (s. Bibliografie).

Tatsache ist, dass die Grenzen in der klassischen Astrologie einen hohen Stellenwert hatten. Auch in der Stundenastrologie lohnt es sich, die Grenzen anzuwenden, weil sie die Qualität eines Planeten modifizieren können. Ein Beispiel: Venus steht in Jungfrau im Fall. Steht sie aber beispielsweise auf 10° Jungfrau, dann befindet sie sich in ihren eigenen »Grenzen« und wird damit wieder aufgewertet.

Die Tabelle der ptolemäischen Grenzen (Tabelle 3) sollten Sie folgendermaßen lesen: Im Zeichen Widder hat Jupiter seine Grenzen in den ersten 6 Graden (0°–5°), Venus in den nächsten 8 Graden (6°–13°), Merkur in den darauffolgenden 7 Graden (14°–20°), Mars in den darauffolgenden 5 Graden (21°–25°) und Saturn in den letzten 4 Graden (26°–29°).

Zeichen	Grenzen								
Widder	Jupiter	5°	Venus	13°	Merkur	20°	Mars	25°	Saturn	29°
Stier	Venus	7°	Merkur	14°	Jupiter	21°	Saturn	25°	Mars	29°
Zwillinge	Merkur	6°	Jupiter	13°	Venus	20°	Saturn	24°	Mars	29°
Krebs	Mars	5°	Jupiter	12°	Merkur	19°	Venus	26°	Mars	29°
Löwe	Saturn	5°	Merkur	12°	Venus	18°	Jupiter	24°	Mars	29°
Jungfrau	Merkur	6°	Venus	12°	Jupiter	17°	Saturn	23°	Mars	29°
Waage	Saturn	5°	Venus	10°	Jupiter	18°	Merkur	23°	Mars	29°
Skorpion	Mars	5°	Jupiter	13°	Venus	20°	Merkur	26°	Saturn	29°
Schütze	Jupiter	7°	Venus	13°	Merkur	18°	Saturn	24°	Mars	29°
Steinbock	Venus	5°	Merkur	11°	Jupiter	18°	Mars	24°	Saturn	29°
Wassermann	Saturn	5°	Merkur	11°	Venus	19°	Jupiter	24°	Mars	29°
Fische	Venus	7°	Jupiter	13°	Merkur	19°	Mars	25°	Saturn	29°

Tabelle 3: Die Grenzen nach Ptolemäus

Gesichter oder Dekanate

Die Einteilung der Tierkreiszeichen in je drei Dekanate von
0°–9°, 10°–19° und 20°–29° ist uralt. Auch hier gibt es verschiedene Systeme, von denen sich das ägyptisch-chaldäische
System in der klassischen Astrologie durchgesetzt hat. In jedem Dekanat herrscht einer der sieben antiken Planeten. Die
Reihenfolge ab dem 1. Dekanat des Widders ist: *Mars, Sonne,
Venus, Merkur, Mond, Saturn, Jupiter* usw. (Tabelle 4). Im 1.
Dekanat des Widders herrscht also Mars, im 2. die Sonne, im
3. Venus; im 1. Dekanat des Stiers herrscht Merkur usw. Diese
sogenannte »chaldäische« Reihenfolge der Planeten spielt
auch bei der Berechnung der *Stundenherrscher* (Kapitel 11)
eine Rolle.

Die Dekanate wurden auch »Gesichter« (Latein: »facies«)
genannt; ein Planet, der sich in einem seiner Dekanate befindet, steht also in seinem »Gesicht«. Die Würde der Gesichter
ist noch schwächer als die der Grenzen, kann aber trotzdem
die Bewertung eines Planeten modifizieren. Beispiel: In Jung-

frau steht die Sonne peregrin (s. unten); befindet sie sich aber im 1. Dekanat dieses Zeichens, steht sie in ihrem »Gesicht« und kann aus diesem Grund aufgewertet werden.

Tierkreis-zeichen	Herrscher 0°–9°	Herrscher 10°–19°	Herrscher 20°–29°
Widder	Mars	Sonne	Venus
Stier	Merkur	Mond	Saturn
Zwillinge	Jupiter	Mars	Sonne
Krebs	Venus	Merkur	Mond
Löwe	Saturn	Jupiter	Mars
Jungfrau	Sonne	Venus	Merkur
Waage	Mond	Saturn	Jupiter
Skorpion	Mars	Sonne	Venus
Schütze	Merkur	Mond	Saturn
Steinbock	Jupiter	Mars	Sonne
Wassermann	Venus	Merkur	Mond
Fische	Saturn	Jupiter	Mars

Tabelle 4: Die Gesichter oder Dekanate der Planeten

Peregrinität

Steht ein Planet nicht in seinem Domizil oder Exil, nicht in seiner Erhöhung oder im Fall, nicht in Triplizität und nicht in seinen Grenzen oder in seinem Dekanat, so gilt er als »peregrin« (Latein: »peregrinus« = »fremd«). Ein solcher Planet steht schlecht, kann seine Kräfte nicht entfalten. Wie oben erwähnt, hängt die Feststellung, ob ein Planet peregrin ist oder nicht, stark von der Bestimmung der Triplizitäten ab.

Rezeption

In Rezeption stehen zwei Planeten, wenn der eine in einer Würde des anderen steht und umgekehrt. Die beiden Planeten sind dann die Dispositoren voneinander. Einige Beispiele:

Mond in Widder und Mars in Krebs, oder: Mond in Widder und Mars in Stier (Erhöhung des Mondes). Sogar Planeten, die sich in den Grenzen oder im Gesicht voneinander befinden, stehen in einer schwachen Rezeption. Die Rezeption in Domizil und/oder Erhöhung ist sehr stark und kann als eine Art Konjunktion bewertet werden.

Von einer besonderen Form der Rezeption ist die Rede, wenn ein Planet im Zeichen eines »höheren« (= langsameren) Planeten steht und diesen aspektiert. Ein Beispiel: Venus im Marszeichen Widder in Konjunktion mit Mars.

Die Rezeption hat oft die Aufwertung der beiden Planeten zufolge: Der Mond steht in Widder peregrin und Mars steht in Krebs im Fall. Die gegenseitige Rezeption bewirkt aber, dass die beiden Planeten positiv zusammenarbeiten.

Die Rezeption wird geschwächt, wenn einer der beiden Planeten verbrannt oder rückläufig ist.

Bewertung der Würden

Die Reihenfolge der Würden nach Stärke ist: 1. Domizil, 2. Erhöhung, 3. Triplizität, 4. Grenzen, 5. Gesicht. Die alten Astrologen haben oft das Domizil mit dem Faktor 5, die Erhöhung mit dem Faktor 4, die Triplizität mit 3, die Grenzen mit 2 und das Gesicht mit Faktor 1 bewertet. Planeten in gegenseitiger Rezeption in einer starken Würde (Domizil oder Erhöhung) wurden mit Faktor 5 oder 4 bewertet.

Ich bin übrigens kein Befürworter eines Punktesystems zur Bestimmung der Planetenstärke, wie es beispielsweise William Lilly entwickelt hat. Einerseits braucht man ein solches System nicht, weil man in den meisten Stundenhoroskopen sehr schnell »mit dem bloßen Auge« sieht, welcher Planet der Stärkere ist; andererseits täuscht ein Punktesystem eine Objektivität vor, die es nun einmal nicht gibt.

Freuden

Nach der klassischen Tradition haben die sieben antiken Planeten alle in einem bestimmten Haus ihre »Freude«: In diesem Haus fühlen sie sich wohl und können ihren Aufgaben gerecht werden (Tabelle 5).

Planet	Freude in:
Sonne	9. Haus
Mond	3. Haus
Merkur	1. Haus
Venus	5. Haus
Mars	6. Haus
Jupiter	11. Haus
Saturn	12. Haus

Tabelle 5: Freuden der Planeten

Den Freuden der Planeten liegt eine gewisse Systematik zugrunde: Die Tagplaneten Sonne, Jupiter und Saturn haben ihre Freuden in Häusern über dem Horizont, die Nachtplaneten Mond, Venus und Mars in Häusern unter dem Horizont. Die beiden Lichter Sonne und Mond haben ihre Freuden in oppositionellen Häusern, wie auch die beiden Wohltäter Jupiter und Venus und die beiden Übeltäter Saturn und Mars. Der doppelgeschlechtige Merkur hat seine Freude im 1. Haus, das an der Grenze zwischen Tag und Nacht liegt. Die Sonne hat ihre Freude im 9. Haus, weil sie, wenn sie sich dort befindet, ihre größte Wärme ausstrahlt. Als schnellster Himmelskörper hat der Mond seine Freude im 3. Haus: dem Haus der Bewegung. Venus hat ihre Freude im 5. Haus, welches u. a. das Liebesleben regiert. Jupiter hat seine Freude im 11. Haus, das von alters her mit Glück und Hoffnung verbunden wurde. Die beiden Übeltäter Mars und Saturn haben ihre Freuden in den Unglückshäusern 6 und 12.

Meiner Meinung nach sind die »Freuden« der Planeten völlig zu Unrecht in Vergessenheit geraten und sie sollten nicht nur in der Stundenastrologie, sondern auch in der Radixastrologie wieder die ihnen gebührende Rolle spielen.

Männliche und weibliche Planeten und Tierkreiszeichen

Wenn ein Planet in einem Zeichen desselben Geschlechts steht, wurde diese Position als eine, allerdings sehr schwache, Würde betrachtet. Nach der Tradition sind die männlichen Planeten: *Sonne, Mars, Jupiter* und *Saturn*, die weiblichen Planeten: *Mond* und *Venus*. *Merkur* ist zweigeschlechtig: männlich, wenn er sich mit männlichen Planeten verbindet, weiblich mit weiblichen Planeten.

Männlich sind die Tierkreiszeichen, die zu den Elementen Feuer und Luft gehören; weiblich sind die Erde- und Wasserzeichen.

Planeten an den Achsen oder in Eckhäusern

An den Achsen und in Eckhäusern stehen Planeten sehr stark. Dort können sie ihre guten oder bösen Kräfte gut entfalten. Planeten an den Achsen wollen uns unbedingt etwas mitteilen, auch wenn sie keine Signifikatoren für die Frage sind.

Übrigens wird ein Planet, der bis 5° vor einer Häuserspitze steht, schon zum nächsten Haus gerechnet.

Die Geschwindigkeit der Planeten

Ein Planet ist relativ stark, wenn er am Tag der Fragestellung schneller ist als normal; relativ schwach ist er, wenn er am Tag der Fragestellung langsamer ist als normal (Tabelle 6).

Mond	13°11'
Merkur	1°23'
Venus	1°12'
Sonne	0°59'
Mars	0°31'
Jupiter	0°05'
Saturn	0°02'

Tabelle 6: Durchschnittliche Tagesgeschwindigkeit der Planeten

Rückläufigkeit

Die Rückläufigkeit schwächt einen Planeten ungeheuer und ist in Stundenhoroskopen immer sehr bedeutsam.
Die mögliche Bedeutung eines rückläufigen Planeten:
• beeinflusst die Aspektbildung (s. Kapitel 7);
• zieht sich aus der Angelegenheit zurück;
• hält Informationen zurück (insbesondere Merkur!);
• verzögert den Fortgang, macht Schwierigkeiten;
• deutet auf eine Krankheit oder einen schlechten Zustand hin;
• ermöglicht die Rückkehr zu einem früheren Zustand.
Wenn ein *stationärer* Planet kurz vor der Rückläufigkeit steht, treffen die oben stehenden Regeln oft auch auf ihn zu.

Verbrennung, unter den Strahlen der Sonne

Wenn ein Planet weniger als etwa 15 bis 18 Grad von der Sonne entfernt ist, befindet er sich »unter den Strahlen der Sonne«. Meistens ist er dann als Morgen- oder Abendstern nicht mehr sichtbar und man betrachtet seine Wirkung als geschwächt. Beträgt die Entfernung weniger als 6 bis 10 Grad, dann ist der Planet von der Sonne »verbrannt« und er kann seine Kraft überhaupt nicht mehr entfalten. Wichtig bei der Beurteilung der Schwäche eines solchen Planeten ist es zu untersuchen, ob der Planet im Begriff ist, sich von der Sonne zu entfernen oder sich ihr zu nähern. Im ersten Fall kann man ihn als einen »Kranken auf dem Weg der Besserung« betrachten.

Einigen Autoren zufolge kann *Mars* als einziger Planet nicht von der Sonne verbrannt werden, weil er wie die Sonne auch *warm und trocken* ist. Nach meiner Erfahrung trifft diese Auffassung nicht zu.

Wenn der Planet sich aber in *Cazimi* (»im Herzen der Sonne«) befindet, das heißt höchstens 17 Bogenminuten von der Sonne entfernt ist, soll er riesige Kraft haben. Diese Regel bestätigt sich nach meiner Erfahrung nur selten und sollte mit Vorsicht angewandt werden! Vergessen wir auch nicht, dass dieser Zustand nur von sehr kurzer Dauer ist. »Cazimi« würde ich höchstens gelten lassen, wenn der betroffene Planet zur gleichen Zeit 0° Breite hat, das heißt sich wirklich innerhalb des Sonnenkörpers befindet.

Die Unglückshäuser 6, 8 und 12

In der klassischen Astrologie haben die Häuser 6, 8 und 12 einen schlechten Ruf. Das 6. Haus ist das Haus der Krankheiten, das 8. das Todeshaus und das 12. das Haus der Verluste, der geheimen Feinde usw. Wenn Planeten sich in diesen Häusern befinden, stehen sie meistens nicht sehr gut. Die Ausnahmen sind Mars und Saturn, die jeweils im 6. Haus und im 12. Haus ihre »Freude« haben (s. Seite 83). Eine andere Ausnahme gibt es, wenn es um eine Frage geht, die mit einem dieser Häuser zu tun hat. Wenn beispielsweise bei einer Frage über Arbeit der Mond im 6. Haus steht, ist das nichts anderes als eine Widerspiegelung der Frage.

Insbesondere aber weist die Stellung eines Planeten im 8. Haus auf Probleme hin.

Belagerung

Ein Planet ist belagert, wenn er sich zwischen Mars und Saturn befindet. Je kleiner der Abstand der beiden Übeltäter zu diesem Planeten, umso stärker die Belagerung. Einiges scheint dafür zu sprechen, die Belagerungsregel auf die neuen Planeten Uranus, Neptun und Pluto auszuweiten. Das heißt, dass ein Signifikator, der sich zwischen diesen Planeten befindet, schwach steht.

Planeten in eingeschlossenen Zeichen
Eingeschlossen ist ein Zeichen, wenn es sich von Anfang (0°) bis zum Ende (29°) innerhalb eines Hauses befindet. Ein Beispiel: Die Spitze des 6. Hauses befindet sich in Waage und die Spitze des 7. Hauses in Schütze; in diesem Fall ist das Zeichen Skorpion eingeschlossen. Ein Planet in einem eingeschlossenen Zeichen ist wie ein Gefangener: Er steht schwach, weil er seine Kräfte nicht entfalten kann.

Kritische Grade
Kritische Grade sind:
- *der erste Grad eines jeden Zeichens*: Ein Planet auf 0° steht schwach, weil er gerade erst im Zeichen angekommen ist und »sich noch nicht auskennt«. Wenn dagegen der Planet gerade in sein Domizil oder ins Zeichen seiner Erhöhung eingetreten ist, kann es sein, dass er sich dort eher wohl fühlt.
- *der letzte Grad eines jeden Zeichens*: Der Planet verabschiedet sich, bildet meistens auch keine Aspekte mehr und ist deshalb geschwächt.
- *die Mondknotengrade*: Eine modernere Regel besagt, dass ein Planet, der sich, in welchem Zeichen auch immer, in einem gleichen Grad wie die Mondknotenachse befindet, kritisch steht und beispielsweise auf einen Lernprozess hinweist.
- *die Mondhäusergrade*: Ein Planet, der in einem Grad steht, in dem das eine Mondhaus das andere ablöst, ist geschwächt. Diese Stellung ist vergleichbar mit der Position auf 0° oder 29° eines jeden Tierkreiszeichens. Die Mondhäuser sind ein antikes System von 28 Abschnitten des Tierkreises (Tabelle 7).

Zeichen	Mondhäusergrade
In Widder, Krebs, Waage, Steinbock (den kardinalen Zeichen)	0°, 12°51' und 25°43'
In Stier, Löwe, Skorpion, Wassermann (den fixen Zeichen)	8°34' und 21°26'
In Zwillinge, Jungfrau, Schütze, Fische (beweglichen Zeichen)	4°17' und 17°09'

Tabelle 7: Mondhäusergrade

Planeten im Leerlauf

Wenn ein Planet innerhalb des Zeichens, in dem er sich befindet, keinen Aspekt mehr bildet, ist er im »Leerlauf«. Ein Planet im Leerlauf ist geschwächt, weil er die Angelegenheit, um die es geht, nicht mehr beeinflussen kann. Insbesondere ist der Mond im Leerlauf für die Deutung bezeichnend: In der Angelegenheit geschieht meistens nichts mehr. *»Weder Hoffnungen noch Befürchtungen werden Wirklichkeit.«*

Horoskop 8
»Befriedigender Vertragsabschluss?«

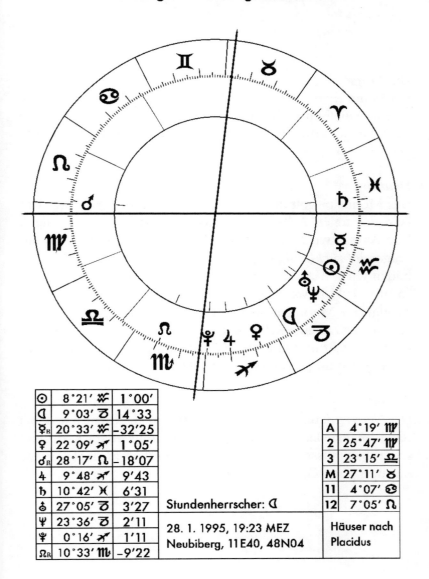

☉	8°21′ ♒	1°00′
☽	9°03′ ♉	14°33
☿ᴿ	20°33′ ♒	-32′25
♀	22°09′ ♐	1°05′
♂ᴿ	28°17′ ♌	-18′07
♃	9°48′ ♐	9′43
♄	10°42′ ♓	6′31
♅	27°05′ ♑	3′27
♆	23°36′ ♉	2′11
♇	0°16′ ♐	1′11
☊ᴿ	10°33′ ♏	-9′22

A	4°19′ ♍
2	25°47′ ♍
3	23°15′ ♎
M	27°11′ ♉
11	4°07′ ♋
12	7°05′ ♌

Stundenherrscher: ☽

28. 1. 1995, 19:23 MEZ
Neubiberg, 11 E40, 48N04

Häuser nach
Placidus

Fall 8
»Befriedigender Vertragsabschluss?«

Interessant an diesem Horoskop:
• Die Schwäche eines rückläufigen Planeten

Die Frage
Ein Mann fragt, ob es ihm gelingen wird, mit einem Vertrags-
partner einen guten Vertrag abzuschließen. Es geht dabei um
das Eingehen eines freien Arbeitsverhältnisses mit diesem Partner (Horoskop 8).

Deutung
Der Mond spiegelt die Frage wider: Er steht im 5. Haus (dem
Feld der freien Arbeitsverhältnisse) in Steinbock (Verträge).
Der Vertrag wird zustande kommen, weil Merkur (H1 = der
Fragende) *rückläufig* ein Sextil zu Jupiter (H7 = der Partner)
bilden wird. Auch das applikative Sextil zwischen Mond und
Saturn (= H5) weist in die gleiche Richtung. Aber ... der
rückläufige Merkur im 6. Haus steht viel schwächer als Jupi-
ter, der (zwar eingeschlossen) im eigenen Zeichen in einem
Eckhaus steht und mit einer Geschwindigkeit von fast 10 Bo-
genminuten an jenem Tag auch relativ schnell war.

Ablauf
Der Vertrag kam zwar zustande, aber mein Klient hat dabei
seine finanziellen Wünsche und Vorstellungen stark zurück-
schrauben müssen. (Merkur ist sowohl H1 als auch H2: Frage
mit Bezug auf Geld.)

Teil III

Besondere Themen

9

Wann?
Die Zeitfrage

Welche Methode? Die Qual der Wahl
Nach meiner Erfahrung stellen Klienten die Frage, *wann* etwas passieren wird, nicht so oft. Darüber können wir froh sein, denn diese Fragen gehören zu den schwierigsten in der Stundenastrologie.

William Lilly (1602–1681), der Vater der modernen Stundenastrologie, benutzt in seinem berühmten Buch *Christian Astrology* (1647) nicht weniger als zehn verschiedene Methoden zur Bestimmung der Zeit. Schon diese Vielfalt beweist, dass dieses Problem in der Stundenastrologie noch nicht endgültig gelöst wurde. Kreativität ist gefragt und Vorsicht ist geboten!

Die »Generally Accepted Measure of Time«
Wenn es einen applikativen Aspekt zwischen den Signifikatoren des Fragenden (immer Herrscher von 1) und des Gefragten gibt, wird oft die alte Methode der *Generally Accepted Measure of Time* (das »allgemein akzeptierte Zeitmaß«) benutzt, wobei man die Anzahl der Grade, die der Aspekt von seinem Exaktwerden entfernt ist, in eine bestimmte Zeiteinheit: 1° = 1 Minute / Stunde / Tag / Woche / Monat / (Jahr) übersetzt (s. Tabelle 8).

Wenn der Mond oder der schnellere Signifikator steht in einem:	ist die geeignete Zeiteinheit:
Kardinalen Zeichen / Eckhaus	(Minuten) / *Stunden* / (Tage)
Kardinalen Zeichen / Mittelhaus	(Stunden) / *Tage* / (Wochen)
Kardinalen Zeichen / Endhaus	(Tage) / *Wochen* / (Monate)
Beweglichen Zeichen / Eckhaus	(Stunden) / *Tage* / (Wochen)
Beweglichen Zeichen / Mittelhaus	(Tage) / *Wochen* / (Monate)
Beweglichen Zeichen / Endhaus	(Wochen) / *Monate* / Jahre
festen Zeichen / Eckhaus	(Tage) / *Wochen* / (Monate)
festen Zeichen / Mittelhaus	(Wochen) / *Monate* / (Jahre)
festen Zeichen / Endhaus	(Monate) / *Jahre* / (unbestimmte Zeit)

Tabelle 8: »Generally accepted measure of time«

Die Tabelle 8 ist *mit Vorsicht* zu benutzen. Zwar sieht man öfters, dass das Ereignis tatsächlich nach einer Zeiteinheit eintritt, die mit der Anzahl der Grade, die der wichtigste Aspekt von seinem Exaktwerden entfernt ist, korrespondiert, aber es handelt sich sehr oft *nicht* um die in der Tabelle angegebene Zeiteinheit. Nehmen wir das Beispiel in Kapitel 1. In dem Horoskop für die Frage: »*Kommt meine Frau zu mir zurück?*« bildeten die beiden Hauptsignifikatoren, H1 und H7, ein applikatives Sextil. Die Antwort war also positiv. Dieses Sextil war noch anderthalb Grade von seinem Exaktwerden entfernt. Der schnellere Signifikator stand in einem festen Zeichen und in einem Mittelhaus. Nach der Tabelle 7 würde das bedeuten, dass die Frau nach anderthalb Monaten zurückkehren würde. Sie meldete sich aber schon wieder nach anderthalb Wochen.

Es ist meines Erachtens auch nicht möglich, die Zeiteinheit in Jahren festzulegen, weil die Wirkungsdauer eines Stundenhoroskops nicht über ein halbes Jahr hinausgeht.

Dass ein Ereignis an dem Tag ausgelöst wird, an dem der Aspekt zwischen den beiden Signifikatoren exakt wird, kommt zwar vor, aber seltener, als man vermuten würde.

Zeitbestimmung

Die gängigsten Methoden zur Zeitbestimmung sind folgende:

Zeitbestimmung

1. Man übersetzt die Anzahl der Grade, die der Aspekt von seinem Exaktwerden entfernt ist, in eine auf die Frage zugeschnittene Zeiteinheit (s. auch Tabelle 8).
   Oder man schlägt in den Ephemeriden nach, wann der Aspekt zwischen den Signifikatoren exakt wird.

2. Transite über das Fragehoroskop, insbesondere Mondtransite, können das Ereignis auslösen.

3. Man übersetzt die Anzahl der Grade, die der Mond oder ein Signifikator zurücklegen muss, bevor er das Zeichen wechselt, in eine geeignete Zeiteinheit. (Ein Zeichenwechsel bedeutet oft eine Änderung der Umstände.)
   Oder man schlägt in den Ephemeriden nach, wann der Planet das Zeichen wechselt.

4. Man übersetzt die Anzahl der Grade, die der Mond oder ein Signifikator noch zurücklegen muss, bevor er die Spitze eines Hauses erreicht, in eine geeignete Zeiteinheit. In Frage kommen AC, MC (insbesondere wenn die Frage auf Arbeit bezogen ist) oder die Spitze eines Hauses, das mit der Frage verwandt ist.
   Oder man schlägt in den Ephemeriden nach, wann der Planet das Haus wechselt.

5. Man übersetzt die Anzahl der Grade, die ein rückläufiger Signifikator zurücklegen muss, bevor er direktläufig wird, in eine geeignete Zeiteinheit.
   Oder das Ereignis wird an dem Tag ausgelöst, an dem ein rückläufiger Planet direkt wird.

Horoskop 9
»Wohnungskauf?«

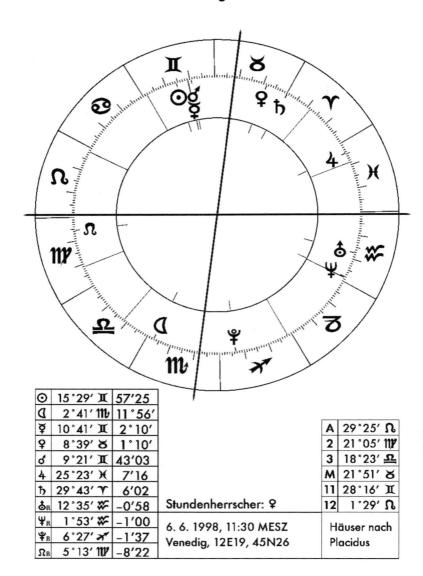

☉	15°29′ ♊	57′25
☽	2°41′ ♏	11′56′
☿	10°41′ ♊	2°10′
♀	8°39′ ♉	1°10′
♂	9°21′ ♊	43′03
♃	25°23′ ♓	7′16
♄	29°43′ ♈	6′02
♅ᴿ	12°35′ ♒	−0′58
♆ᴿ	1°53′ ♒	−1′00
♇ᴿ	6°27′ ♐	−1′37
☊ᴿ	5°13′ ♍	−8′22

Stundenherrscher: ♀

6. 6. 1998, 11:30 MESZ
Venedig, 12E19, 45N26

A	29°25′ ♌
2	21°05′ ♍
3	18°23′ ♎
M	21°51′ ♉
11	28°16′ ♊
12	1°29′ ♌

Häuser nach
Placidus

Fall 9
»Wohnungskauf?«

Interessant an diesem Horoskop:
- Die Deutungseinschränkung
- Die verschiedenen Möglichkeiten zur Zeitbestimmung
- Die Bedeutung des Zeichenwechsels eines langsamen Planeten

Die Frage

Während eines Seminars über Stundenastrologie in Venedig fragte mich eine Teilnehmerin, ob es ihr gelingen würde, eine in Triest besichtigte Wohnung, die ihr sehr gut gefiele, zu kaufen (Horoskop 9).

Immobilien

Sehr oft werden Fragen über Immobilien gestellt.

> »Soll ich umziehen?«

> »Soll ich dieses Haus/diese Wohnung kaufen/mieten?«

> »Wird es mir gelingen, mein Haus für einen angemessenen Preis zu verkaufen?«

> »Ist der potenzielle Käufer/Mieter zahlungsfähig?« usw.

Wenn jemand fragt, ob er umziehen soll, aber noch kein bestimmtes Objekt im Auge hat, schaut sich der Astrologe das 4. und das 7. Haus des Fragehoroskops an. Der Herrscher des 4. Hauses steht für die Wohnung oder das Haus, wo der Fragende lebt; das 7. Haus für den eventuellen Wohnungswechsel. Steht Herrscher 4 stark, in einem guten Aspekt zu Herrscher 1, soll der Fragende besser in seinem Haus bleiben. Gibt es dagegen einen guten applikativen Aspekt zwischen H1 und einem stark stehenden H7, sollte der Fragende sich tatsächlich einen Umzug überlegen. Steht in so einem Fragehoroskop die Spitze des 4. Hauses in einem festen Zeichen, wird der Fragende sich wahrscheinlich nicht vom Fleck rühren; steht sie dagegen in einem beweglichen Zeichen, ist er unruhig und braucht dringend einen Tapetenwechsel.

Für die Frage, ob man eine *bestimmte* Immobilie kaufen/ verkaufen oder mieten/vermieten soll, betrachten wir das 1. und 7. Haus (die beiden Parteien), das 4. Haus (die Immobilie), und das 10. (den Preis). Ein Kaufvertrag kommt meistens zustande, wenn H1 und H7 einen, möglichst guten, Aspekt bilden. Bei Quadrat oder Opposition werden die Verhandlungen schwierig verlaufen und wahrscheinlich abgebrochen. H4 (und Planeten in 4) geben Auskunft über die Qualität der Immobilie. Steht H4 stark, zum Beispiel in seinem Domizil oder in der Erhöhung, und empfängt er gute Aspekte, geht es um ein gutes Objekt.

Eventuelle Planeten im 4. Haus geben weitere Auskünfte. So können Uranus, Neptun oder Pluto im 4. Haus auf (meistens unerfreuliche) Überraschungen hinweisen (Uranus), auf Feuchtigkeit, auf einen verseuchten Boden (Neptun), auf verborgene Mängel (Pluto) usw.

Der Herrscher von 10 und Planeten im 10. Haus geben Hinweise auf den Preis. Steht H10 stark, in einem Eckhaus, wird der Preis hoch sein. Steht er dagegen in einem fallenden Haus, rückläufig usw., ist der Preis niedrig und könnte noch weiter sinken. Ich habe aber oft festgestellt, dass Planeten im 10. Haus mehr über den Preis aussagen als der Herrscher von 10. So weist Jupiter im 10. Haus meistens auf einen hohen Preis hin, Saturn dagegen auf einen niedrigen Preis. Ist der Fragende der Käufer, ist es auch interessant, sich den Herrscher des 8. Hauses anzusehen, weil dieser als H2 ab 7 die finanzielle Lage des Verkäufers verkörpert. Steht dieser Planet schwach, heißt das meistens, dass der Verkäufer dringend Geld braucht und dass aus diesem Grund der Preis vielleicht noch sinken könnte. Ist der Fragende der Verkäufer, gibt H8 Informationen über die Zahlungs(un)fähigkeit des potenziellen Käufers.

In Horoskop 9 geht es um das 4. Haus (die besichtigte Wohnung) und das 7. Haus (der Verkäufer).

Deutungseinschränkung!

Mit dem Aszendenten im letzten Grad Löwe kommt die Frage zu spät! Der Astrologe sollte also lieber keine Antwort geben oder sich wenigstens sehr zurückhalten. Zudem spiegelt sich die Frage nicht deutlich im Horoskop wider. Man hätte dann wenigstens H1 oder den Mond im 4. Haus erwartet oder ähnliches. Der späte Aszendent könnte bedeuten, dass die Fragende keinen Einfluss mehr auf das Geschehen nehmen kann, weil beispielsweise der Verkäufer sich für einen anderen Interessenten entschieden hat oder ähnliches.

Trotzdem können wir eine vorsichtige Deutung versuchen:

Signifikatoren

- Fragende: H1 = Sonne; Nebensignifikator (NS): Mond
- Wohnung: H4 = Mars; Nebensignifikator: Pluto im 4. Haus
- Verkäufer: H7 = Saturn

Aspekte

- Die Sonne bildet in Zwillinge keine Aspekte mehr zu den beiden anderen Hauptsignifikatoren H4 und H7. Sie bildet nur noch ein Quadrat zu Jupiter.
- Interessant ist, dass der schnelle Merkur (Geschwindigkeit am Tag der Frage: 2°10') sich zwischen zwei Konjunktionen befindet. Er hat gerade die Konjunktion mit Mars (H4!) gebildet und läuft jetzt auf seine Konjunktion mit der Sonne zu: Ein klassischer Fall von *Übertragung des Lichts* (s. Kapitel 7).

Besonderheiten

- Saturn ist im Leerlauf, was nur höchst selten vorkommt! Er wird in einigen Tagen nach gut zwei Jahren das Zeichen Widder verlassen.
- Interessant ist, dass Mars (H4) sich in enger Konjunktion mit dem Fixstern *Aldebaran* befindet, der selbst in Opposition zu *Antares* steht. Diese beiden Fixsterne haben traditionell einen bösartigen Mars-Charakter. Ich stelle hin und

wieder fest, dass Planeten, die in Stundenhoroskopen die Achse 9° Zwillinge-Schütze besetzen, eine schicksalhafte Note bekommen.
- Pluto im 4. Haus könnte bedeuten, dass die Wohnung verborgene Mängel hat.

Antwort
In diesem Seminar in Venedig habe ich das Horoskop sofort in der Gruppe behandelt. Nachdem wir festgestellt hatten, dass die Frage wegen des späten Aszendenten eigentlich nicht zu beantworten ist, kamen wir zur Schlussfolgerung, dass die Chancen, die Wohnung zu erwerben eher gering wären und dass die Wohnung vielleicht überhaupt nicht so gut wäre, wie die Fragende meinte (Konjunktion Mars-Aldebaran, Pluto im 4. Haus).

Ablauf
Am 10. Juni (4 Tage später) erfuhr die Fragende, dass der Besitzer seine Meinung geändert hatte und die Wohnung vorläufig noch nicht verkaufen wollte. Weil die Frage »zu spät« kam, vermute ich, dass der Besitzer schon zum Zeitpunkt der Frage zu dieser Entscheidung tendierte. Übrigens hat die Fragende nicht viel später eine in ihren Augen viel bessere Wohnung erwerben können.

Zeitbestimmung
- Am 10. Juni 1998 kam die Konjunktion zwischen Merkur und Sonne (und damit auch die Übertragung des Lichts von Mars auf Sonne) zustande: Die Fragende (Sonne) empfing die Nachricht (Merkur), dass die Wohnung (Mars) nicht zu kaufen war.
- Am gleichen Tag (!) wechselte Saturn (H7) ins Zeichen Stier: Der Besitzer beschloss, sein Eigentum zu behalten (Stier!).
- Am gleichen Tag bildete der laufende (Transit-) Mond die Opposition zu Sonne/Merkur.

Fazit: Die Zeitbestimmung ist zwar schwierig, aber nicht unmöglich. Es lohnt sich auf jeden Fall im Fragehoroskop, nachdem ein Ereignis stattgefunden hat, zu untersuchen, welche Faktoren das Ereignis ausgelöst haben. Wenn (wie in diesem Horoskop) nicht weniger als drei der oben aufgelisteten Faktoren zur Zeitbestimmung das gleiche Ergebnis liefern, ist es wohl sehr wahrscheinlich, dass sich an diesem Tag in der Angelegenheit etwas tun wird.

10

Wo? Die Frage nach verschwundenen Gegenständen, Tieren und Menschen

Widersprüchliche Regeln

Die Fragen nach verlorenen Gegenständen oder vermissten Personen und Tieren gehören zu den spannendsten und meist dramatischen Fragen in der Stundenastrologie. Obwohl es für die Deutung dieser Horoskope ziemlich feste Regeln gibt, braucht der Stundenastrologe gerade hier seine Intuition, weil diese Regeln leider teilweise widersprüchlich sind, was dann zu einer echten Qual der Wahl führen kann. Ich biete hier die Regeln an, die nach meiner Erfahrung am besten funktionieren.

Signifikatorenbestimmung

- Der Fragende wird wie immer vom 1. Haus und dessen Herrscher (H1) vertreten.
- Der Herrscher des 2. Hauses (H2) und/oder oft auch der Mond verkörpern generell den verlorenen Besitz.
- Haustiere wie Hunde, Katzen, Vögel, Schildkröten usw. werden dem 6. Haus und dessen Herrscher (H6) zugeordnet. Wenn aber das verschwundene Haustier als Ersatzkind betrachtet wird, kann auch das 5. Haus in Frage kommen. Nicht selten sieht man dann übrigens, dass nur ein Planet sowohl H5 als auch H6 ist. Größere Tiere wie Pferde, Kühe usw. werden traditionell dem 12. Haus zugeordnet.
- *Verwandtschaftsplaneten* können eine wichtige Rolle spielen (Tabelle 9).
- Verschwundene Personen werden den üblichen Häusern zugeordnet: der Partner dem 7. Haus; ein Kind dem 5. Haus; ein Bruder oder eine Schwester dem 3. Haus; ein Freund dem 11. Haus usw.

• Nach William Lilly verkörpert ein peregriner Planet an einer Achse den eventuellen Dieb. Wenn es einen solchen Planeten nicht gibt, kommt H7 in Betracht, insbesondere, wenn dieser auch der Stundenherrscher (Kapitel 11) ist. Ein Problem ist, dass ein vermisstes Objekt nicht selten von mehreren Planeten angezeigt werden kann, beispielsweise von H2, dem Mond und einem Verwandtschaftsplaneten! Übrigens zeigt das Horoskop meist selbst, welcher Planet in Frage kommt. Das ist der Fall, wenn einer dieser Planeten stark dominiert oder wenn der Mond auch Herrscher von 2 (Spitze Haus 2 in Krebs) ist. *Lassen Sie sich vom Horoskop führen!*

Verwandtschaftsplaneten

Sonne: wertvolle Objekte, Gegenstände aus Gold usw.

Mond: Gegenstände aus Silber oder Glas, Spiegel, weiße Objekte, Antiquitäten, Gebrauchsgegenstände aus dem Alltag usw.

Merkur: Schlüssel, Papiere, Bücher, Geld usw.

Venus: Schmuck, Luxusartikel. Kleider, Geld, Gegenstände aus Kupfer usw.

Mars: Messer und andere scharfe Gegenstände, Waffen, Geräte, rote Gegenstände usw.

Jupiter: religiöse Gegenstände, Gegenstände mit Bezug auf Reisen, Wissenschaft, Philosophie usw.

Saturn: Gegenstände aus Leder oder Blei, alte, dunkle, schwere Objekte.

Tabelle 9: Verwandtschaftsplaneten

Erfolg bei der Suche?

Nachdem man so gut wie möglich die Signifikatoren bestimmt hat, geht es darum, herauszufinden, ob der verlorene Besitz, der vermisste Mensch, das entlaufene Tier wieder gefunden wird.

Gute Aussichten bieten:
- H1 in applikativem Aspekt mit Signifikator (H2/6 usw.) oder Mond;
- Mond in applikativem Aspekt zu AC;
- Mond oder Signifikator (oder Sonne) in applikativem Trigon zur Spitze des Signifikatorenhauses oder zu einem Planeten in diesem Haus;
- Sonne in applikativem Trigon zu Mond;
- Jeder Aspekt zwischen Sonne und Mond, wobei eines der Lichter an einer Achse steht;
- Sonne im 1. Haus (Ausnahme: Sonne in Waage (Fall) oder Wassermann (Exil));
- Mond, H1, Signifikator oder ein Wohltäter (Venus, Jupiter, Glückspunkt, Drachenkopf) gut platziert in Haus 1 oder 2;
- Mond oder Signifikator in Aspekt zu einem Wohltäter: Der Gegenstand wird von einem ehrlichen Menschen aufbewahrt, den ihn zurückgeben wird;
- Mond oder Signifikator an einer Achse oder in einem Eckhaus.

Schlechte Aussichten bieten:
- Kein Aspekt zwischen H1 und Signifikator oder Mond;
- Sowohl Sonne als auch Mond unter dem Horizont;
- Mond oder Signifikator in einem fallenden Haus oder weit von H1 entfernt;
- Mond oder Signifikator in Haus 7 oder 8, aspektiert von H7: Diebstahl!
- Mond oder Signifikator in einem schlechten applikativen Aspekt zu H8;
- Mond oder Signifikator »verbrannt« oder »unter den Sonnenstrahlen«;

- Mond oder Signifikator aspektieren einen Übeltäter: Ein unehrlicher Mensch besitzt das verlorene Objekt und wird es nicht zurückgeben. (Insbesondere wenn der Übeltäter auch AC oder H1 aspektiert.)
- Wenn ein Mensch oder ein Tier schon seit längerer Zeit vermisst wird und die Vermutung besteht, dass er/es nicht mehr lebt, gibt das Fragehoroskop darauf klare Hinweise. Der Signifikator des Vermissten steht dann unmissverständlich schlecht: im 8. Haus, »belagert« (zwischen Mars und Saturn) oder ungünstig aspektiert von Mars und Saturn usw. Vorsichtshalber soll aus dem Stundenhoroskop nur der Tod gelesen werden, wenn wenigstens 2 oder mehr dieser Faktoren wirksam sind.

Wo soll man suchen?

Wenn das Horoskop Hoffnung auf eine Wiedervereinigung mit dem vermissten Menschen, Tier oder Gegenstand gibt, ist die nächste Frage: Wo soll man suchen? Problematisch sind hier die teilweise widersprüchlichen Regeln. Man kann sowohl nach den Achsen und Häusern als auch nach den Tierkreiszeichen vorgehen und dabei ist nicht immer deutlich, welche der beiden Methoden man vorziehen soll (Tabelle 10). Nach meiner Erfahrung zeigen die Achsen und Häuser meistens die Himmelsrichtung an und die Elemente die Beschaffenheit des Ortes, wo das Gesuchte sich befindet (Tabelle 11). Das Horoskop gibt auch Hinweise auf die Entfernung des Gesuchten (Tabelle 12).

Ich kann Ihnen nur raten, nicht nur nach den (widersprüchlichen) Regeln vorzugehen, sondern sich auch auf Ihre Intuition zu verlassen.

Himmelsrichtungen
Feuer: Osten; *Erde:* Süden; *Luft:* Westen; *Wasser:* Norden;
AC: Osten; MC: Süden; DC: Westen; IC: Norden.

Tabelle 10: Himmelsrichtungen

Gegend
Der Signifikator für ein verlorenes Objekt oder der Mond steht in einem:
Feuerzeichen: Orte in der Nähe von Hitze, Feuer, Heizkörpern, Eisen, Trennwänden, im östlichen Teil des Hauses oder Zimmers, im Osten;
Erdzeichen: am Boden, unter dem Fußboden, im Keller, im südlichen Teil des Hauses, im Süden;
Luftzeichen: im höchsten Stockwerk, auf dem Berg, im westlichen Teil des Hauses, im Westen;
Wasserzeichen: im oder am Wasser, im Badezimmer, in der Küche, im nördlichen Teil des Hauses, im Norden;
»menschlichen« Zeichen (Zwillinge, Jungfrau, Waage, Wassermann): Orte, an denen sich Menschen aufhalten.

Tabelle 11: Gegend

Entfernung
Der Signifikator für ein verlorenes Objekt oder der Mond steht in einem
Eckhaus: das Objekt ist in der Nähe des Fragenden;
Mittelhaus: das Objekt ist nicht in der Nähe, aber auch nicht sehr weit entfernt;

fallenden Haus: das Objekt ist weit vom Fragenden entfernt.
Wenn H1 und Signifikator oder Mond weniger als 30°
auseinander stehen, befindet sich das verlorene Objekt
wahrscheinlich im Haus.

Tabelle 12: Entfernung

Eine alternative Suchmethode

Nicht selten hatte ich Erfolg mit der folgenden einfachen Methode, die ich beispielsweise auch in Horoskop 1 (Kapitel 1)
benutzt habe. Um zu untersuchen, wo die verschwundene Frau
sich befand, habe ich nach Drehung des Horoskops (Start-
haus: 7) festgestellt, dass sie sich in ihrem eigenen 11. Haus
befand. Weil Freunde und Kollegen dem 11. Haus zugeordnet
werden, habe ich daraus geschlossen, dass die Frau bei einer
Freundin oder einer Arbeitskollegin Zuflucht gefunden hatte,
was auch tatsächlich der Fall war.

Ein ähnlicher Fall: Eine Katze war verschwunden. Im Fragehoroskop befand H6 (die Katze) sich im 3. Haus: Die Katze
wurde bei Nachbarn (3. Haus) gefunden.

Farben

Für die Zuordnung kann manchmal die Farbbestimmung
wichtig sein. Ein schönes Beispiel dafür finden wir im Horoskop 10: »*Wo ist mein Auto?*« Das verschwundene Auto war
rot. H2 ist in diesem Horoskop Mars, der rote Planet. Das
liefert uns einen zusätzlichen Hinweis, dass Mars der Signifikator für das Auto ist. Die Zuordnung der Farben finden
Sie in Tabelle 13.

Farben

A. PLANETEN
(Quelle: William Lilly, *Christian Astrology*)

Sonne: gold, gelb, scharlachrot
Mond: silber, matte Farben
Merkur: grau, Mischfarben
Venus: helle Farben, wie himmelblau, milchweiß, leuchtend grün
Mars: rot, gelb, orange
Jupiter: grün, königsblau, Purpur
Saturn: schwarz

B. HÄUSER
(Quelle: William Lilly, *Christian Astrology*)

1: weiß
2: grün
3: rot, gelb, hellbraun
4: rot
5: schwarz, weiß, honigfarben
6: schwarz
7: dunkelschwarz
8: schwarz, dunkelgrün
9: grün und weiß
10: rot und weiß
11: gelb und safranfarben
12: grün

Tabelle 13: Farben

Horoskop 10
»Wo ist mein Auto?«

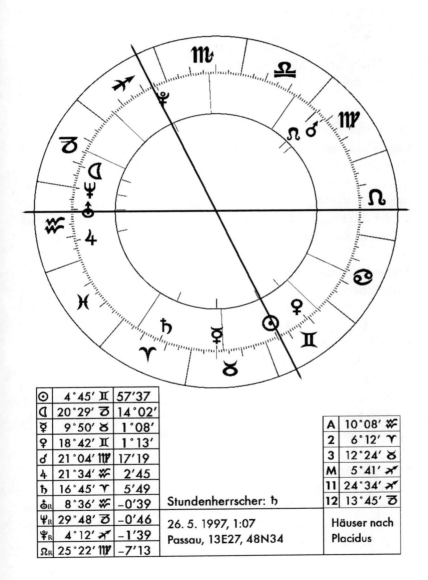

☉	4°45' ♊	57'37
☽	20°29' ♑	14°02'
☿	9°50' ♉	1°08'
♀	18°42' ♊	1°13'
♂	21°04' ♍	17'19
♃	21°34' ♒	2'45
♄	16°45' ♈	5'49
☊ᴿ	8°36' ♒	-0'39
♆ᴿ	29°48' ♑	-0'46
♇ᴿ	4°12' ♐	-1'39
☊ᴿ	25°22' ♍	-7'13

A	10°08' ♒
2	6°12' ♈
3	12°24' ♉
M	5°41' ♐
11	24°34' ♐
12	13°45' ♑

Stundenherrscher: ♄

26. 5. 1997, 1:07
Passau, 13E27, 48N34

Häuser nach
Placidus

Fall 10
»Wo ist mein Auto?«

Interessant an diesem Horoskop:
• Beispiel einer eigenen Frage
• Die dreifache Widerspiegelung der Frage
• Die Farbe als Hilfsmittel zur Signifikatorenbestimmung

Die Frage

Eine Frau hatte an einem Sonntagabend in der Altstadt von Passau ihr Auto auf einem Parkplatz direkt an der Donau geparkt. Als sie in der Nacht zum Parkplatz zurückkehrte, war das Auto verschwunden. Als Stundenastrologin stellte sie sich sofort die Frage: *»Wo ist mein Auto?«* (Horoskop 10) und rief mich am nächsten Tag zur Besprechung des Horoskops an.

Widerspiegelung der Frage

Das Horoskop spiegelt wie fast alle Fragehoroskope ganz stark die Qualität der Zeit wider und bestätigt damit klar die Frage: Uranus am Aszendenten zeigt die plötzliche unerfreuliche Überraschung. Saturn (H1) steht im 2. Haus: Frage über Besitz; der Mond im 12. Haus: Beschäftigung mit einem Verlust. Es geht hier um ein Horoskop für eine eigene Frage; wahrscheinlich ist die Widerspiegelung so überzeugend, weil die Frau sich die Frage ganz bewusst, im gleichen Augenblick, in dem sie ihre Entdeckung machte, gestellt hat.

Signifikatoren

• Die Fragende: H1 = Saturn
• Das Auto: H2 = Mars. Die Bestimmung des Signifikators ist in diesem Fall nicht schwierig, weil das Auto *rot* war! (Mars beherrscht die Farbe rot.)

- Weil Mars eindeutig Signifikator für das Auto ist, wird der Mond Nebensignifikator (NS) für die fragende Frau.
- Der eventuelle Dieb: Sonne (H7)

Besonderheiten
- Interessant ist die an der MC/IC-Achse dominierende Sonne/Pluto-Opposition.
- Mars (H2) ist im 7. Haus im Zeichen Jungfrau eingeschlossen.

Aspekte
- Zwischen den beiden Hauptsignifikatoren Saturn (H1) und Mars (H2) kommt kein applikativer Aspekt zustande. Die beiden stehen nur in einer schwachen *gegenseitigen Rezeption* (Saturn im Marszeichen Widder und Mars auf 18° Jungfrau in den »Grenzen« von Saturn).
- Mond (NS Frau) und Mars (H2) bilden ein applikatives Trigon! (Orbis: 1/2 Grad)
- Die enge Sonne-Pluto-Opposition ist separativ.

Deutung
Obwohl die Hauptsignifikatoren Saturn (H1) und Mars (H2) sich nicht direkt miteinander verbinden, gibt insbesondere das Trigon Mond – Mars Grund zur Hoffnung. Das Trigon ist umso besser, weil nur noch ein halbes Grad zu bewältigen ist. Nach den Regeln der Zeitmessung (die ich in Kapitel 9 behandelt habe) könnte das Auto in einer halben Woche zur Besitzerin zurückkehren (Mond in einem kardinalen Zeichen in einem Endhaus), ohne dass die Frau dafür etwas unternehmen muss (Trigon).

Die Position von Mars zeigt, dass das Auto sich am Zeitpunkt der Frage in der Nähe befand (Eckhaus), aber gut versteckt war (Mars eingeschlossen). Es war, wenigstens zum Zeitpunkt der Deutung, eher unwahrscheinlich, dass das Fahrzeug sich in der Donau befand, weil man dann Mars in einem Wasserzeichen erwarten würde. Zudem fließt die Donau an der Nordseite des Parkplatzes, wahrend Mars im 7. Haus in einem Luftzeichen eher den Westen (Haus 7 und Luft) andeutet.

Wahrscheinlich wurde Gewalt angewandt: Sonne in separativer Opposition zu Pluto. Auf Diebstahl weist die an der Achse in Zwillinge peregrin stehende Sonne hin, die zudem H7 (Dieb) ist.

Ablauf

Am Mittwoch, eine halbe Woche nach der Frage (!), entdeckten Taucher der Stadt Passau das Fahrzeug in der Donau, eingeklemmt zwischen zwei Felsen. Als das Auto gehoben wurde, stellte man fest, dass eine Fensterscheibe eingeschlagen war. Die Polizei vermutete, dass Halunken in das Auto eingebrochen und es zum Spaß in die Donau gekippt hatten. Aus diesem Grund wurden der Besitzerin die Bergungskosten erstattet. Mars in einem eingeschlossenen Erdzeichen zeigt die eingeklemmte Position zwischen den Felsen (Erde) an. Dass das Fahrzeug sich zur Zeitpunkt der Frage nördlich der Besitzerin befand, ist meines Erachtens aus dem Horoskop *nicht* ersichtlich.

11

Ein Leckerbissen für Fortgeschrittene: Die Stundenherrscher

Heutzutage gibt es kaum noch Astrologen, die wissen, unter welchem Stundenherrscher (SH) sie geboren sind. Früher wäre das undenkbar gewesen! Dem Stundenherrscher (oder Planet der Stunde) wurde große Bedeutung zugeschrieben. So beginnt Goethe seine Autobiographie *Dichtung und Wahrheit* mit einer bekannt gewordenen Kurzbeschreibung seines Horoskops, die von den meisten modernen Astrologen nicht mehr verstanden wird und in der er u. a. sagt:

»... der Mond, der soeben voll ward, übte die Kraft seines Gegenscheins umso mehr, als zugleich seine Planetenstunde eingetreten war. Er widersetzte sich daher meiner Geburt, die nicht eher erfolgen konnte, als bis diese Stunde vorübergegangen.«

Tatsächlich wurde Goethe geboren, als Saturn gerade den Mond als Stundenherrscher abgelöst hatte.

Berechnung der Stundenherrscher
Stundenherrscher werden folgendermaßen berechnet: Die Zeit zwischen Sonnenaufgang und Sonnenuntergang wird in zwölf gleichen »Stunden« eingeteilt. Das Gleiche geschieht mit der Zeit zwischen Sonnenuntergang und Sonnenaufgang. Die Tagesstunden sind also im Sommer länger als im Winter, während es für die nächtlichen Stunden selbstverständlich genau umgekehrt ist (»Proportionalstunden«). Um die Stundenherrscher bestimmen zu können, muss man zunächst wissen, dass jeder Wochentag einem der sieben antiken Planeten (»Tagesherrscher«) zugeordnet wird (Tabelle 14):

Sonntag	**Sonne**
Montag	**Mond**
Dienstag	**Mars**
Mittwoch	**Merkur**
Donnerstag	**Jupiter**
Freitag	**Venus**
Samstag	**Saturn**

Tabelle 14: Tagesherrscher

Die erste Proportionalstunde nach Sonnenaufgang wird von dem jeweiligen Tagesherrscher beherrscht und jede folgende Proportionalstunde bis zum nächsten Sonnenaufgang der (chaldäischen) Reihe nach von:

Sonne, Venus, Merkur, Mond, Saturn, Jupiter, Mars.

Nehmen wir beispielsweise einen Sonntag: Die erste Stunde nach Sonnenaufgang wird vom Tagesherrscher Sonne beherrscht, die zweite Stunde von Venus, die dritte von Merkur usw. So zählen wir weiter, bis wir die vierundzwanzigste Stunde (die letzte vor dem Sonnenaufgang am Montag) erreicht haben. Diese wird von Merkur beherrscht und so wird der Mond automatisch Herrscher der ersten Montagsstunde, Saturn Herrscher der zweiten Montagsstunde usw. (Tabelle 15).

	1	2	3	4	5	6	7	8	9	10	11	12	1	2	3	4	5	6	7	8	9	10	11	12
So	☉	♀	☿	☽	♄	♃	♂	☉	♀	☿	☽	♄	♃	♂	☉	♀	☿	☽	♄	♃	♂	☉	♀	☿
Mo	☽	♄	♃	♂	☉	♀	☿	☽	♄	♃	♂	☉	♀	☿	☽	♄	♃	♂	☉	♀	☿	☽	♄	♃
Di	♂	☉	♀	☿	☽	♄	♃	♂	☉	♀	☿	☽	♄	♃	♂	☉	♀	☿	☽	♄	♃	♂	☉	♀
Mi	☿	☽	♄	♃	♂	☉	♀	☿	☽	♄	♃	♂	☉	♀	☿	☽	♄	♃	♂	☉	♀	☿	☽	♄
Do	♃	♂	☉	♀	☿	☽	♄	♃	♂	☉	♀	☿	☽	♄	♃	♂	☉	♀	☿	☽	♄	♃	♂	☉
Fr	♀	☿	☽	♄	♃	♂	☉	♀	☿	☽	♄	♃	♂	☉	♀	☿	☽	♄	♃	♂	☉	♀	☿	☽
Sa	♄	♃	♂	☉	♀	☿	☽	♄	♃	♂	☉	♀	☿	☽	♄	♃	♂	☉	♀	☿	☽	♄	♃	♂

Sonne über dem Horizont · Sonne unter dem Horizont

Tabelle 15: Stundenherrscher

Inzwischen gibt es Software für die Berechnung der Stundenherrscher, aber auch ohne ein geeignetes Computerprogramm kann man für jedes mit Placidus-Häusern berechnetes Horoskop ziemlich einfach den Stundenherrscher feststellen. Das ist möglich, weil Placidus im Horoskop die Tageshälfte von Sonnenaufgang bis Sonnenuntergang in sechs gleiche Perioden aufteilt (Häuser 12 bis 6) und ebenso die Nachthälfte von Sonnenuntergang bis Sonnenaufgang (Häuser 7 bis 1). Jedes Placidus-Haus korrespondiert also mit zwei Proportionalstunden. Man braucht jetzt nur noch in den Ephemeriden nachzuschlagen, für welchen Wochentag das Horoskop gestellt wurde und dann die Hausposition der Sonne zu beachten. Wurde das Horoskop für beispielsweise einen Sonntag gestellt und die Sonne steht in der zweiten Hälfte des 12. Hauses, dann ist der Stundenherrscher dieses Horoskops die Sonne. In der ersten Hälfte des 12. Hauses ist der Stundenherrscher Venus, in der zweiten Hälfte des 11. Hauses Merkur, in der ersten Hälfte des 11. Hauses Mond usw.

Der Stundenherrscher im Fragehoroskop

Nach den alten Astrologen darf ein Fragehoroskop nur gedeutet werden, wenn der Planet, der die Stunde beherrscht, mit dem Aszendenten harmoniert: Der Stundenherrscher soll auch der AC-Herrscher sein oder zur gleichen Triplizität (= zum gleichen Element) gehören oder gleicher Natur sein. Wie wir schon in Kapitel 8 gesehen haben, sind nach Ptolemäus folgende Elemente und Planeten »gleicher Natur«:

- die Feuerzeichen und die Planeten Sonne und Mars: *warm und trocken*,
- die Erdzeichen und die Planeten Merkur und Saturn: *kalt und trocken*,
- die Luftzeichen und der Planet Jupiter: *warm und feucht*,
- die Wasserzeichen und die Planeten Mond und Venus: *kalt und feucht*.

Weiter unterscheidet man noch zwischen Triplizität bei Tag (in Horoskopen mit Sonne über dem Horizont) und Triplizität bei Nacht (in Horoskopen mit Sonne unter dem Horizont). Nur Mars ist in den Wasserzeichen Krebs und Fische sowohl Triplizitätsherrscher bei Tag als auch bei Nacht. Der Mond, der in Stier erhöht ist, wird als nächtlicher Triplizitätsherrscher der Erdzeichen betrachtet (s. Tabelle 2 auf Seite 78).

Tabelle 16 listet die für jeden Aszendenten »zulässigen« Stundenherrscher auf.

Aszendent	Zulässige Stundenherrscher
Widder	Mars, Jupiter, Sonne
Stier	Venus, Mond (Nacht), Merkur, Saturn
Zwillinge	Merkur, Saturn, Jupiter
Krebs	Mond, Mars, Venus
Löwe	Sonne, Jupiter (Nacht), Mars
Jungfrau	Merkur, Venus (Tag), Mond (Nacht), Saturn
Waage	Venus, Saturn (Tag), Merkur (Nacht), Jupiter
Skorpion	Mars, Mond, Venus
Schütze	Jupiter, Sonne, Mars
Steinbock	Saturn, Venus (Tag), Mond (Nacht), Merkur
Wassermann	Saturn, Merkur (Nacht), Jupiter
Fische	Jupiter, Mars, Mond, Venus

Tabelle 16: Stundenherrscher und Aszendent

Klar ist, dass diese Regel die Zahl der deutbaren Stundenhoroskope stark einschränkt. Deshalb haben einige Astrologen, die mit den Stundenherrschern arbeiten, die Härte der Regel aufgeweicht, indem sie meinen, dass ein Horoskop auch gedeutet werden darf, wenn der Stundenherrscher der Verwandtschaftsplanet für die Frage ist (zum Beispiel Jupiter als Stundenherrscher in einem Fragehoroskop mit Bezug auf eine Auslandsreise, Mars als Stundenherrscher, wenn es um eine Operation geht usw.). Deuten dürfte man gegebenenfalls auch, wenn der Stundenherrscher ein Trigon zum (oder eine Konjunktion mit dem) AC oder H1 bildet.

Ich glaube nicht, dass man Tabelle 16 sehr streng respektieren soll. Ich habe beispielsweise öfters festgestellt, dass in Fragehoroskopen der Planet, der Stundenherrscher ist, in der Deutung wichtiger wird, auch wenn er nach Tabelle 16 »offiziell« nicht zulässig ist.

Bei der Feststellung, ob ein Horoskop gedeutet werden darf, bleibt meiner Meinung nach das wichtigste Kriterium: *Spiegelt das Horoskop die Frage wider?* Wenn das der Fall ist, lohnt es sich immer, eine Deutung zu versuchen, auch wenn eine oder mehrere Deutungseinschränkungen vorliegen. Andererseits haben die alten Regeln sicher ihren Wert und dienen dazu, uns Astrologen vor Fehldeutungen (und aufdringlichen Klienten!) zu schützen.

Fazit: Die Stundenherrscher sind interessant. Sie scheinen mir in der modernen Astrologie zu Unrecht in Vergessenheit geraten zu sein und es lohnt sich, *auch in Geburtshoroskopen,* mit ihnen wieder Erfahrungen zu sammeln.

Horoskop 11
»Alternative Praxis?«

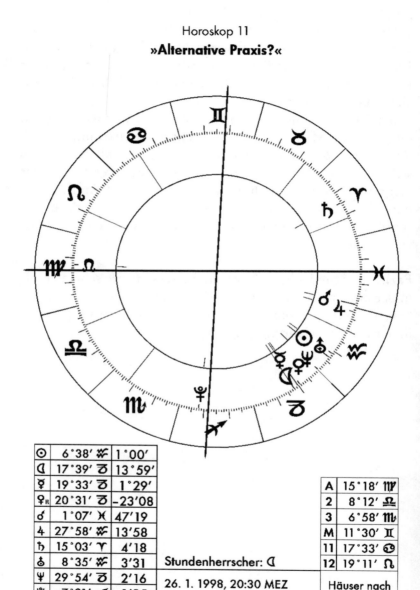

☉	6°38' ♒	1°00'
☽	17°39' ♑	13°59'
☿	19°33' ♑	1°29'
♀ᴿ	20°31' ♑	-23'08
♂	1°07' ♓	47'19
♃	27°58' ♒	13'58
♄	15°03' ♈	4'18
⚷	8°35' ♒	3'31
♆	29°54' ♑	2'16
♇	7°31' ♐	1'25
☊ᴿ	10°55' ♍	-5'19

A	15°18' ♍
2	8°12' ♎
3	6°58' ♏
M	11°30' ♊
11	17°33' ♋
12	19°11' ♌

Stundenherrscher: ☽

26. 1. 1998, 20:30 MEZ
München, 11E33, 48N08

Häuser nach
Placidus

Fall 11
»Alternative Praxis?«

Interessant an diesem Horoskop:
* Die besondere Rolle des Stundenherrschers

Die Frage
Eine Ärztin, die in einem Krankenhaus arbeitet, ist mit ihrer Arbeit nicht mehr zufrieden. Sie möchte ihre Stelle kündigen und eine eigene Praxis für alternative Medizin öffnen. Sie stellt einer Stundenastrologin die Frage, ob sie ihr Vorhaben verwirklichen kann (Horoskop 11).

Bestimmung des Stundenherrschers
Die Frage wurde an einem Montagabend nach Sonnenuntergang gestellt. Der Stundenherrscher dieses Horoskops ist der Mond, der am Montag die dritte Proportionalstunde nach Sonnenuntergang beherrscht (Tabelle 14). Auch im Horoskop selbst kann man das ziemlich leicht feststellen: Die Sonne steht unter dem Horizont in der zweiten Hälfte des 5. Hauses, was mit der 3. Proportionalstunde nach Sonnenuntergang korrespondiert. Der Mond ist als Triplizitätsherrscher in einem Nachthoroskop mit Jungfrau-AC »zulässig« (s. Tabelle 16).

Widerspiegelung der Frage
H1 (Merkur) ist auch H10 (Doppelbeziehung): Frage über Arbeit

Signifikatorenbestimmung
* Die Fragende: H1 = Merkur
* Die Arbeit im Krankenhaus: H6 = Saturn
* Eine alternative Praxis: H9 = Venus
* Die finanzielle Lage der Fragenden: H2 = Venus

Aspekte
- Merkur Konjunktion Venus
- Mond Konjunktion Merkur und Venus (Übertragung des Lichts)

Besonderheiten
- Venus ist rückläufig
- Pluto dominiert am IC

Deutung
Der am IC dominierende Pluto weist darauf hin, dass die Fragende das Fundament ihres Lebens grundlegend ändern möchte. Der im 8. Haus stehende Saturn, der als H6 die Arbeitsstelle im Krankenhaus verkörpert, und der noch gerade im 6. Haus stehende absteigende Mondknoten deuten auch auf Schwierigkeiten in der jetzigen Arbeit. Allerdings hat die Astrologin mit Recht ihrer Klientin davon abgeraten, in den nächsten 3 bis 6 Monaten (Wirkungsdauer eines Fragehoroskops) Risiken einzugehen: Merkur (H1) bildet eine Konjunktion zur *rückläufigen* Venus, die sowohl H2 (Finanzen) als auch H9 (alternative Praxis) ist. Ohne sofort ihre Arbeit im Krankenhaus aufzugeben, sollte die Ärztin versuchen, stundenweise alternativ zu arbeiten. Die Frau hat den Rat der Astrologin befolgt.

Ablauf
Kurz darauf passierte Folgendes: Eine Kollegin mit alternativer Praxis bot der Ärztin an, einige Stunden pro Woche in ihrer Praxis mitzuarbeiten. Kollegen werden dem 11. Haus zugeordnet. Im Fragehoroskop bildet der Mond als H11 eine Konjunktion mit Merkur und unmittelbar darauf mit Venus. Ein schöner Fall von »Übertragung des Lichts«! Vielleicht ist die Tatsache, dass der Mond in diesem Horoskop Stundenherrscher ist, ein Hinweis auf seine wichtige Rolle im Ablauf dieser Geschichte.

12

Stundenastrologie und Lebensberatung

Negative Antworten

Wer viele stundenastrologische Fragen beantwortet, muss leider feststellen, dass weit über die Hälfte der Antworten eher negativ ausfällt. Die Erklärung dafür ist einfach: Klienten rufen mit ihren Fragen erst beim Stundenastrologen an, wenn sie selbst schon schwere Zweifel am Erfolg ihrer Unternehmungen hegen. Jemand, der sich seiner Sache ganz sicher ist, sucht nicht so schnell astrologische Hilfe.

Lebenshilfe

Wenn die Antwort auf eine Frage eher negativ ausfallen muss, beschränken Sie sich bitte nicht auf diese negative Antwort, sondern suchen Sie lieber mit Ihrem Klienten nach Alternativen, oder versuchen Sie, mit ihm herauszufinden, *warum* die Sache wahrscheinlich nicht so laufen wird wie er es sich wünscht. Zu diesem Zweck sollten Sie sich beim ersten Gespräch die *Geburtsdaten* notieren, damit Sie die Frage auch im Rahmen des Geburtshoroskops, der laufenden Transite usw. betrachten können. Insbesondere bei Fragen über Partnerschaft, Arbeit und Gesundheit hat sich dieses Verfahren bewährt. Wichtiger als eine Prognose ist es in vielen Fällen, den Klienten in seinem Bewusstwerdungsprozess zu unterstützen. Klar ist aber auch, dass ein Stundenhoroskop eine wesentliche Hilfe in der Beratung darstellt und das Radix einleuchtend ergänzen kann. Das Kombinieren der beiden Horoskope bietet eine solide Grundlage zu einer kleinen Lebensberatung.

Methode

Meistens gehe ich folgendermaßen vor: Zuerst deute ich so ausführlich wie möglich das Fragehoroskop und drucke mir dann die beiden Horoskope aus: im Innenkreis das Geburtshoroskop, im Außenkreis das Fragehoroskop. Letzteres ist jetzt als ein Transithoroskop über das Radix zu betrachten. Der nächste Schritt ist, die Frage im Rahmen des Geburtshoroskops, insbesondere der laufenden Transite, zu betrachten.

Horoskop 12a
»Spirituelle Therapie?«

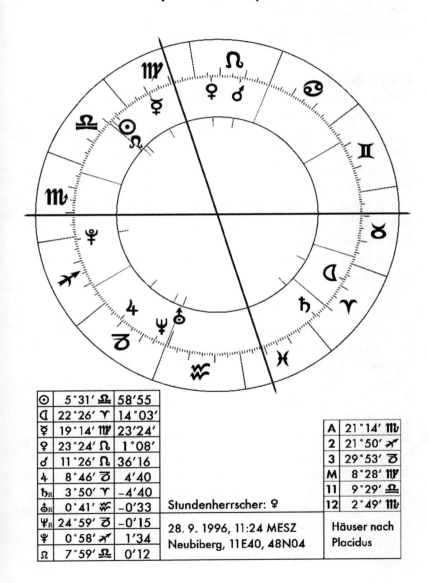

☉	5°31' ♎	58'55	
☽	22°26' ♈	14°03'	
☿	19°14' ♍	23'24'	
♀	23°24' ♌	1°08'	
♂	11°26' ♌	36'16	
♃	8°46' ♑	4'40	
♄ᴿ	3°50' ♈	-4'40	
♅ᴿ	0°41' ♒	-0'33	
♆ᴿ	24°59' ♑	-0'15	
♇	0°58' ♐	1'34	
☊	7°59' ♎	0'12	

A	21°14' ♏
2	21°50' ♐
3	29°53' ♑
M	8°28' ♍
11	9°29' ♎
12	2°49' ♏

Stundenherrscher: ♀

28. 9. 1996, 11:24 MESZ
Neubiberg, 11E40, 48N04

Häuser nach
Placidus

Fall 12
»*Spirituelle Therapie?*«

Interessant an diesen Horoskopen:
• Verbindung zwischen Frage- und Geburtshoroskop

Die Frage

Von einer Frau bekam ich einen Brief mit der folgenden Frage:
»*Soll ich mich zu einer 4-tägigen spirituellen Therapie bei (...) in (...) anmelden, zur Klärung meines Emotionalkörpers – mit Hilfe meines höheren Selbst? (...) Von diesem Klärungsprozess erhoffe ich mir neben der spirituellen Dimension einen Hinweis auf den Grund für meine schwerwiegenden gesundheitlichen Probleme. Seit über 40 Jahren leide ich an schwersten Migräne-Anfällen und habe außerdem eine Unverträglichkeit fast sämtlicher Lebensmittel.*«

Ich berechnete das Fragehoroskop für den Zeitpunkt, an dem ich den Brief öffnete und die Frage las (Horoskop 12a).

Deutung Fragehoroskop

H1 Mars im 9. Haus bestätigt die Frage: Die Frau macht sich Gedanken über eine spirituelle Therapie. Der Mond als H9 (Spitze 9 in Krebs) verkörpert diese Therapie. Der letzte Aspekt des Mondes war das Trigon zu Mars: Die Frau hat von dieser Therapie erfahren und einen guten Eindruck bekommen. Der nächste Aspekt des Mondes ist das Trigon zu Venus, die als H6 (Spitze 6 in Stier) die Krankheit verkörpert. Die beiden guten Aspekte (technisch geht es um eine »Übertragung des Lichts«) sagen aus, dass die Therapie für die Frau heilsam sein könnte. Der Mond steht in Widder, im 5. Haus: Die Therapie könnte für die Frau einen Neuanfang (Widder) und Erholung (5. Haus) bedeuten.

Verheißungsvoll ist auch das Sextil, das die Sonne – Lebensspenderin! – zu Mars bildet. Die Rezeption zwischen Sonne (im Venuszeichen Waage) und Venus (im Sonnenzeichen Löwe) ist ebenfalls als günstig zu betrachten. Leider bildet der Mond, bevor er das Zeichen Widder verlässt, ein Quadrat zu Neptun, was der ganzen Geschichte einen unsicheren, neptunischen Ausgang geben könnte. Aber aufgrund der positiven Faktoren im Fragehoroskop würde ich der Frau raten, diese Therapie zu machen. Sie soll keine Wunder erwarten, aber schaden kann die Teilnahme sicher nicht.

Horoskop 12b
»Spirituelle Therapie?«

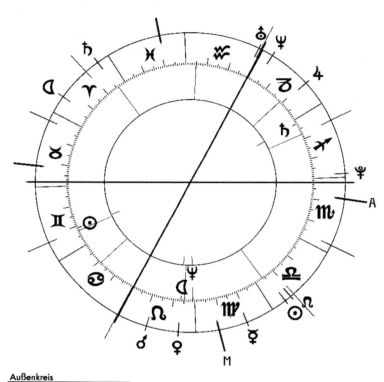

Außenkreis		
☉	5°31' ♎	
☽	22°26' ♈	
☿	19°14' ♍	
♀	23°24' ♌	
♂	11°26' ♌	
♃	8°46' ♉	
♄	3°50' ♈	
⚷	0°41' ♒	
♆	24°59' ♉	
♇	0°58' ♐	
☊	7°59' ♎	

Stundenherrscher: ☉

Innen: Radix
Außen: Spirituelle Therapie?

Außenkreis	
A	21°14' ♏
2	21°50' ♐
3	29°53' ♑
M	8°28' ♍
11	9°29' ♎
12	2°49' ♏

Häuser nach
Placidus

Kombinierte Deutung Radix und Fragehoroskop

Fragen wie diese sollten auch im Rahmen des Geburtshoroskops, insbesondere der laufenden Transite, betrachtet werden. Abbildung 12b zeigt im Innenkreis das Radix, im Außenkreis nochmals das Fragehoroskop.

Um die Identität meiner Klientin zu schützen, verrate ich nur, dass in ihrem Radix Mond und Neptun in Konjunktion stehen und ein Quadrat zum AC bilden. Dieses Quadrat repräsentiert ihre diffusen, nicht fassbaren Gesundheitsprobleme. Transit-Neptun aber bildet zur Zeit der Fragestellung ein Trigon zum Geburts-AC: ein Hinweis darauf, dass Spiritualität (Neptun) in dieser Periode den Körper (AC) heilen könnte. Uranus transitiert zur Zeit der Frage über das MC der Frau und Pluto über ihren DC: Die Frau bedarf einer neuen Erfahrung und einer grundlegenden Wandlung. Die Sonne/Saturn-Opposition in ihrem Radix zeigt jedoch an, dass Neues ihr auch Angst einflößt.

Ablauf

Weil die Frau sich mit Astrologie beschäftigt, habe ich mit ihr die beiden Horoskope besprochen, und wir kamen zur Schlussfolgerung, dass sie die Therapie antreten sollte, was sie auch getan hat. Ihre Erfahrungen beschrieb sie mir später in einem Brief. Ich zitiere:

»*Am Sonntag* (4 Tage vor der Abreise zur Therapie) *fühlte ich mich sehr schlecht und am Montag dicke Halsentzündung, Fieber, Migräne, Grippe, – sterbenskrank. Eine Reise am Donnerstag schien ausgeschlossen. Auch Dienstag keine Besserung. Am Abend schaute ich mir das Fragehoroskop noch einmal genau an. (...) Ich vertiefte mich in das wunderbare Mond-Venus-Trigon und das Sonne-Mars-Sextil – beides entscheidend für die anstehende Frage – und das gab mir soviel Hoffnung und Mut, dass ich innerlich fest entschlossen war, am Donnerstag zu fahren. Und in der Tat ging es mir am Mittwoch schon etwas besser und ich trat die Reise Donnerstag an – zwar immer noch mit Fieber und starker Migräne,*

*aber ich schaffte diese Hürde (Sonne-Mars-Sextil). (...) Im
Laufe der Therapie hatte ich viele wichtige und beglückende
Erkenntnisse. Auch spirituell entscheidende Wegweisung. Ob
alles zusammen mir auch Besserung meiner Gesundheit
bringt, wird die Zukunft zeigen. Auf jeden Fall war es richtig
und gut für mich, dass ich gefahren bin – ein großer Gewinn in
vielerlei Hinsicht. Ohne Ihre ermutigende Interpretation hätte
ich abgesagt, aus Angst, mir auf der Fahrt eine Lungenentzün-
dung oder noch Schlimmeres zu holen.«*

So kann das Stundenhoroskop in Zusammenspiel mit dem
Geburtshoroskop wirklich zu einer kleinen Lebensberatung
führen und seine Bedeutung über die einfache Beantwortung
einer konkreten Frage hinausgehen.

13

Fragen nach dem Tod

Tabuthema Tod

Fast immer stammen Tabus aus dem Reich des Skorpions. Logisch: Skorpion hat mit Macht zu tun, und das, was Macht auf uns Menschen ausübt, wird schnell zum Tabu, besonders hier im Westen, wo der Mensch meint, frei und unabhängig zu sein und sein Schicksal selbst bestimmen zu können. Weil der mächtige Tod diese Sichtweise immer wieder Lügen straft, wurde er verdrängt (ins 12. Haus verbannt) und tabuisiert.

Tabus sind also relativ, nicht absolut. Sie sind verbunden mit Zeit und Ort, mit der Gesellschaft. Ändert sich diese, ändern sich die Tabus ebenfalls. Übrigens geht es oft genau umgekehrt: Bahnbrecher wie zum Beispiel Künstler und Schriftsteller entmachten Tabus, und die Gesellschaft zieht nach. Als Beispiel kann die Sexualität (ebenfalls Skorpion) genannt werden, deren Tabu-Charakter sich nach dem viktorianischen Zeitalter im Laufe des vergangenen Jahrhunderts abgeschwächt hat, aber die sich in dieser Zeit wieder teilweise mit Angst und Tod verbindet (Aids).

Obwohl in allen Lebewesen die Todesangst als Instinkt einge-baut ist, war der Tod nicht immer tabu. Er konnte das auch nicht sein, weil er überall gegenwärtig war: Kriege, Kindersterblich-keit, Epidemien konfrontierten die Menschen ununterbrochen und direkt mit dem Tod. In großen Teilen der Welt ist das noch immer so. Nur für uns Westeuropäer und Nordamerikaner be-schränkt diese Konfrontation sich meistens auf eine Viertel-stunde pro Tag in der Tagesschau. Damit konnte im Westen das Sterben zum heimlichen Ereignis werden, das in vom »Leben« abgesonderten Kliniken von »Spezialisten« »begleitet« wird, ein »Luxus« zum Schaden der Sterbenden und deshalb zu unser aller Schaden! Denn auch das Sterben gehört zum Leben.

Astrologische Berufsethik

Seriöse Astrologen respektieren eine der Gesellschaft angepasste Berufsethik, die meistens in irgendeiner Form expliziert wird. Geprüfte Astrologen im Deutschen Astrologen-Verband (DAV) legen das Gelöbnis ab, nie etwas vorauszusagen, was sie nicht verantworten können, »am wenigsten einen Todesfall«. Erfahrene Astrologen wissen übrigens, dass der Tod nicht aus dem Geburtshoroskop und den daraus abgeleiteten Techniken zu prognostizieren ist. Bestimmte Transite, Solarstände, Direktionen usw. können den Tod vielleicht *metagnostisch* erklären, ein erfahrener Astrologe weiß aber, dass diese Konstellationen sich auch auf einer anderen Ebene hätten auswirken können.

Der Tod in der Stundenastrologie

Völlig anders wird es aber, wenn Astrologen in ihrer Arbeit die Technik der *Stundenastrologie* anwenden, welche die Prognose konkreter Ereignisse ermöglicht. Zwar liegt der Hauptsinn der Stundenastrologie in der Hilfe bei Entscheidungsfragen (»*Soll ich ... ?*«), aber sie ist, wie Sie im Laufe dieses Buches gesehen haben, durchaus imstande, auch reine Zukunftsfragen zu beantworten.

Todesprognose

Der berühmteste englische Astrologe aller Zeiten, William Lilly (1602–1681), wurde vor allem als Stundenastrologe bekannt. Weil der Tod im 17. Jahrhundert offensichtlich noch kein starkes Tabu war, hat Lilly regelmäßig Fragen nach dem Tod beantwortet. Einige davon behandelt er in seinem Buch *Christian Astrology* (1647). Wenn ein kranker Mann ihn fragt, ob er wieder gesund wird, berechnet Lilly das Horoskop für den Zeitpunkt der Frage, deutet es und schreibt in seinem Buch (S. 290): »*Ich überzeugte den Mann, Frieden mit Gott zu machen und seinen Haushalt in Ordnung zu bringen, denn ich meinte, er würde noch höchstens 10 bis 12 Tage leben.*« Diese Prognose ist genau eingetroffen: Der Mann starb 12 Tage später. Dieses Horoskop behandle ich ausführlich in Kapitel 15.

Obwohl erfahrene Stundenastrologen tatsächlich immer wieder feststellen, dass sie aus Stundenhoroskopen Fragen nach dem Tod zuverlässig beantworten können, würden sie heutzutage die Antwort nicht so schnell geben wie Lilly das tat. Trotzdem macht Lillys Antwort großen Eindruck. Ist es nicht genau das, was wir uns alle wünschen, bevor wir sterben: Frieden mit Gott und Ordnung in unserem weltlichen Kram?

Der Vorwurf, dass Lilly mit seiner Antwort Gott spiele, trifft nicht zu: Gott *bestimmt* den Todesaugenblick, der Astrologe kann ihn höchstens prognostizieren. Wenn es Gott gibt, ist die Astrologie eine göttliche Sprache und der Astrologe der Dolmetscher, nicht mehr und nicht weniger.

Zwei Fragen zur Anregung der Diskussion:

1. **Sollen Astrologen prinzipiell nie eine Frage nach dem Tod beantworten?**

Oder ist es nicht eher so, dass die Situationen, in denen es um den Tod gehen kann, so mannigfaltig sind, dass wir in jeder Situation neu den Umgang damit überdenken müssen? Wie verhalten wir uns, wenn eine Frage nach dem Tod nicht mit einer eigennützigen Absicht (z. B. Erbschaft) oder aus reiner Neugierde gestellt wird, wenn deren Beantwortung eine echte Hilfe darstellen könnte und wenn der Klient erwartungsgemäß verantwortungsvoll mit der Antwort umgehen wird?

2. **Ist es nicht die Aufgabe der Astrologen, die sich bekanntlich mit zyklischen Prozessen befassen, allmählich einen Beitrag zur Ent-tabu-isierung des Todes zu leisten?**

Auch wenn (westliche) Astrologen ihren Klienten den Tod nicht vorhersagen, soll das nicht bedeuten, dass sie ihn totschweigen müssen. Während der Beratung ist »Bruder Tod« *immer* ein guter Gesprächspartner, weil er uns einerseits lehrt, unsere Probleme im Licht der Ewigkeit zu relativieren, andererseits uns davor warnt, die uns zugemessene Zeit zu vertrödeln.

Horoskop 13
»Stirbt meine Tante?«

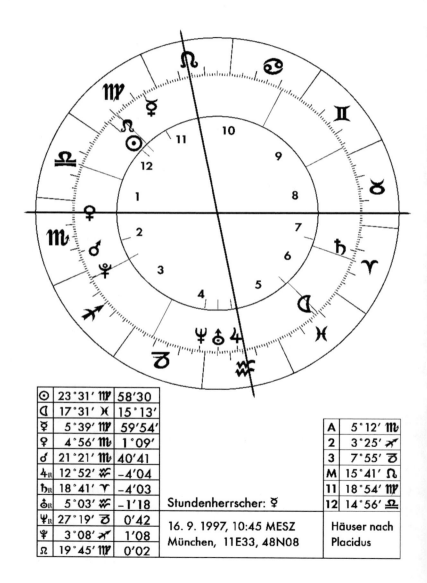

☉	23°31' ♍	58'30
☽	17°31' ♓	15°13'
☿	5°39' ♍	59'54'
♀	4°56' ♏	1°09'
♂	21°21' ♏	40'41
4ᴿ	12°52' ♒	-4'04
♄ᴿ	18°41' ♈	-4'03
♅ᴿ	5°03' ♒	-1'18
♆ᴿ	27°19' ♑	0'42
♇	3°08' ♐	1'08
☊	19°45' ♍	0'02

Stundenherrscher: ☿

16. 9. 1997, 10:45 MESZ
München, 11E33, 48N08

A	5°12' ♏
2	3°25' ♐
3	7°55' ♑
M	15°41' ♌
11	18°54' ♍
12	14°56' ♎

Häuser nach
Placidus

Fall 13
»Stirbt meine Tante?«

Interessant an diesem Horoskop:
- Die Drehung des Horoskops
- Zeitbestimmung mit Hilfe von Transiten über das Fragehoroskop

Die Frage
Eine junge Frau hat erfahren, dass ihre Tante (die Schwester ihres Vaters), an der sie sehr hängt, an Lungenkrebs leidet. Sie macht sich große Sorgen und fragt mich, ob ihre Tante an diesem Krebsleiden sterben wird. Sie sagt: *»Eine Antwort würde mir sehr helfen, meine Haltung zu bestimmen.«* (Horoskop 13)

Drehung des Horoskops
Zuerst müssen wir das Horoskop drehen und die Häuser *umnummerieren*: Der Vater der Fragenden ist das 10. Haus, die Schwester des Vaters: 3. ab 10. = 12. Haus des Horoskops. Ab diesem Haus nummerieren wir die Häuser neu, indem wir in das 12. Haus die Ziffer 1 eintragen, ins 1. Haus die Ziffer 2 usw.

Widerspiegelung der Frage
Die Frage wird klar bestätigt:
- Venus, die Tante, steht am AC der fragenden Nichte im Todeszeichen Skorpion.
- Der Mond, der uns verrät, womit die Fragende sich beschäftigt, steht an der Spitze des 6. Hauses (Krankheit) der Tante.

Signifikatorenbestimmung
- Die Tante: Venus (H12 = 3 ab 10)
- Krankheit Tante = Jupiter (H6 ab 12)
- HS Tod Tante = Venus (H8 ab 12)

Die wichtigsten applikativen Aspekte
- Venus Quadrat Uranus und Jupiter
- Mond Trigon Mars und Opposition Sonne

Besonderheiten
- Der absteigende Mondknoten steht an der Spitze des 6. Hauses der Tante.
- Jupiter dominiert am IC.
- Pluto bildet eine Konjunktion mit dem Todespunkt des gedrehten Horoskops.

Deutung
Venus ist geschwächt: Sie steht in Skorpion im Exil. Auch die Tatsache, dass Venus sowohl H1 als auch H8 der Tante ist (Doppelbeziehung), ist kein gutes Omen. Insbesondere aber ist das Quadrat zu Jupiter ungünstig. Jupiter, der am IC (= Lebensende) dominiert, was ihn in der Deutung noch wichtiger macht, ist nicht nur H6 der Tante, sondern nach Lilly (*Christian Astrology*, S. 63) auch Verwandtschaftsplanet für Krebs und Lungenleiden. Die Sonne, in einem Tageshoroskop die Lebensspenderin (»Hyleg«), steht im 12. Haus der Tante (11 = 12 ab 12) und wird eine Opposition von dem anderen Licht, dem Mond, empfangen. Ungünstig ist auch der Drachenschwanz an der Spitze des 6. Hauses der Tante. Der arabische *Todespunkt des gedrehten Horoskops* (AC Tante = Spitze 12 + Spitze 8 Tante – Mond) befindet sich auf 2°33' Schütze in enger Konjunktion (innerhalb 1°) mit Pluto! Ich wende die arabischen Punkte (es gibt davon unzählige!) mit Vorsicht an, stelle aber hin und wieder fest, dass sie wirken.

Antwort
Weil ich die Frau, die mir die Frage gestellt hatte, gut kenne und wußte, dass sie mit der Antwort verantwortungsvoll umgehen würde, habe ich ihr gesagt, dass sie damit rechnen sollte, dass ihre Tante sterben würde, und zwar innerhalb eines halben Jahres (Wirkungsdauer eines Fragehoroskops).

Ablauf

Nachdem die Krankheit zuerst relativ günstig verlief (Mond Trigon Mars?), kam dann eine tödliche Wende. Die Tante starb am 3.2.1998, als Transit-Sonne eine Konjunktion mit Jupiter des Fragehoroskops bildete und der transitierende Mond im Fragehoroskop über die Spitze des 8. Hauses der Tante wanderte.

Horoskop 14
»Decumbitur«

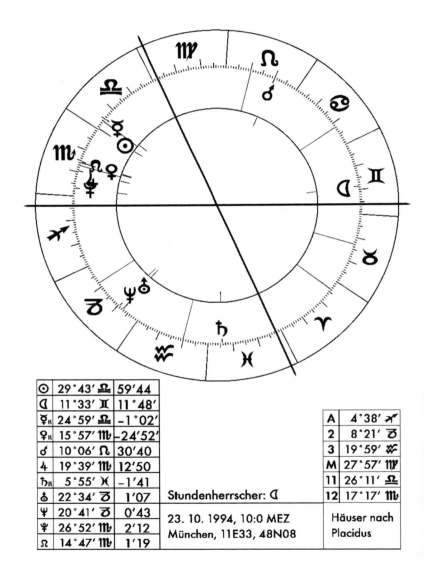

☉	29°43' ♎	59'44
☽	11°33' ♊	11°48'
☿ᴿ	24°59' ♎	-1°02'
♀ᴿ	15°57' ♏	-24'52'
♂	10°06' ♌	30'40
♃	19°39' ♏	12'50
♄ᴿ	5°55' ♓	-1'41
♇	22°34' ♑	1'07
♆	20°41' ♑	0'43
♇	26°52' ♏	2'12
☊	14°47' ♏	1'19

A	4°38' ♐
2	8°21' ♑
3	19°59' ♒
M	27°57' ♍
11	26°11' ♎
12	17°17' ♏

Stundenherrscher: ☽

23. 10. 1994, 10:0 MEZ
München, 11E33, 48N08

Häuser nach
Placidus

14

Drei besondere Formen der medizinischen Stundenastrologie: Decumbitur, Konsultationshoroskop und Elektion

Das Decumbitur

Das Decumbitur ist ein Horoskop für den Augenblick, an dem ein Mensch sich so krank fühlt, dass er sich hinlegen muss (Lat. decumbo = sich hinlegen, krank werden).

Obwohl es sich hier nicht um ein Fragehoroskop handelt, kann man nach meiner Erfahrung das Decumbitur im Großen und Ganzen wie ein Fragehoroskop deuten.

Fall 14
Decumbitur

Die Situation

Eine Frau war von ihrem Fahrrad gestürzt. Sie hatte zwar ihre Fahrradtour fortgesetzt, fühlte sich aber am nächsten Tag beim Aufstehen schwindlig und hatte Kopfschmerzen, so dass sie sich um 10 Uhr wieder hinlegen musste (Horoskop 14).

Weil es Sonntag war, rief sie bei ihrem Arzt zu Hause an, der ihr telefonisch eine leichte Gehirnerschütterung diagnostizierte und ihr strikte Bettruhe verschrieb. Am nächsten Tag würde er sie besuchen.

Deutung

Das Decumbitur zeigt eine Menge ungünstige Konstellationen:

- H1, Jupiter (die Patientin), steht schlecht im 12. Haus im Zeichen Skorpion.
- H6, Venus (die Krankheit), steht schlecht im 12. Haus.
- Venus (H6) ist rückläufig (bis 2° Skorpion).
- Weil es sich um ein Tageshoroskop handelt (Sonne über dem Horizont), ist die Sonne das Hauptlicht und »Quelle der Lebenskraft« (Lilly). Sie steht sehr geschwächt: In Waage steht sie im Fall, die Position in einem letzten Grad ist immer kritisch.
- Die Spitze des 6. Hauses im *festen* Zeichen Stier deutet auf eine länger dauernde Krankheit hin.
- Der absteigende Mondknoten an der Spitze von 6 ist ebenfalls ungünstig.
- Der rückläufige Merkur deutet auf »falsche und unvollständige Informationen«. Zudem ist er von der Sonne verbrannt. Merkur vertritt als H7 den Arzt: Seine Diagnose ist nicht richtig.
- Mars beherrscht das Zeichen Skorpion und ist damit Dispositor von Jupiter (H1) und Venus (H6). Venus bildet in der Rückläufigkeit ein Quadrat zu Mars.

Fazit: Das Horoskop lässt nicht auf eine relativ harmlose leichte Gehirnerschütterung, sondern vielmehr auf etwas Ernsthafteres schließen. Krankheiten im Kopfbereich fallen astrologisch unter Widder oder das 1. Haus. Beide sind im Horoskop leer. Stier an der Spitze des 6. Hauses und der Mond in Zwillinge lassen eher auf Probleme im Hals- und Nakkenbereich (Stier) und/oder im Nervensystem schließen.

Ablauf

Nach 2 Wochen, der Zeit, in der eine leichte Gehirnerschütterung normalerweise geheilt sein dürfte, waren die Beschwerden der Patientin noch genauso schlimm.

Von ihrem Bett aus rief sie dann einen Hellseher an, der ihr ein Schleudertrauma »diagnostizierte«. Ein Orthopäde, zu dem sie anschließend ging, kam zur gleichen Diagnose. Dieses Schleudertrauma hat die Frau zwei Jahre lang beschäftigt.

Interessant ist, dass zwischen Mond und Merkur nach 14° ein Trigon zustande kommen wird: 14 Tage nach ihrem Decumbitur bekam die Patientin die richtige Information (Merkur).

Radix
Zur Zeit des Unfalls bildete Transit-Saturn eine Konjunktion mit Radix-Mars und ein Quadrat zum Aszendenten im Radix der Frau. In den beiden nächsten Jahren bildete Transit-Saturn viele Quadrate mit Planeten in ihrem 1. Haus: eine klare Widerspiegelung der physischen Beschränkungen, die sie sich in dieser Zeit auferlegen musste.

Horoskop 15
»Konsultationshoroskop«

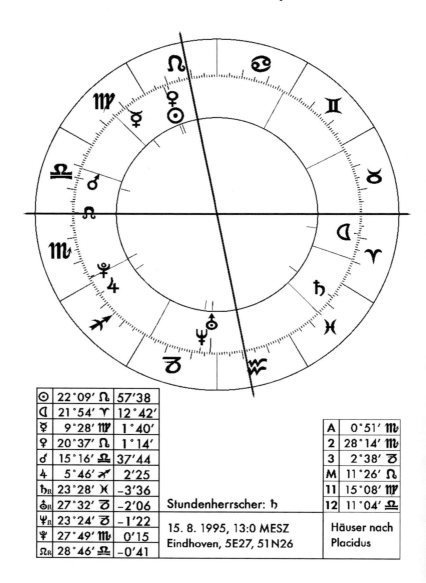

☉	22°09' ♌	57'38
☽	21°54' ♈	12°42'
☿	9°28' ♍	1°40'
♀	20°37' ♌	1°14'
♂	15°16' ♎	37'44
♃	5°46' ♐	2'25
♄ᴿ	23°28' ♓	-3'36
⚷ᴿ	27°32' ♉	-2'06
♆ᴿ	23°24' ♉	-1'22
♇	27°49' ♏	0'15
☊ᴿ	28°46' ♎	-0'41

A	0°51' ♏
2	28°14' ♏
3	2°38' ♐
M	11°26' ♌
11	15°08' ♍
12	11°04' ♎

Stundenherrscher: ♄

15. 8. 1995, 13:0 MESZ
Eindhoven, 5E27, 51N26

Häuser nach
Placidus

Das Konsultationshoroskop

Das Konsultationshoroskop wird berechnet für den Augenblick, an dem der Patient das Sprechzimmer des Arztes betritt. Auch dieses Horoskop kann erfahrungsgemäß nützliche Hinweise auf den Verlauf einer Krankheit und die Fähigkeiten bzw. Schwächen des Arztes geben.

Fall 15
Konsultationshoroskop

Die Situation

Eine Frau hatte während ihres Urlaubs an einem Morgen beim Aufstehen Beschwerden, die auf eine Blasenentzündung hinwiesen. Sie brachte ihren Harn zur Untersuchung zu einem Arzt in ihrem Ferienort und machte einen Termin für den gleichen Tag aus. Der Arzt empfing sie pünktlich um 13 Uhr (Horoskop 15) und bestätigte die Vermutung der Frau: Der Befund wies eine Blasenentzündung aus. Der Arzt verschrieb der Frau ein starkes Antibiotikum, weil er meinte, dass dieses die einzige Heilungschance bot. Weil die Frau im Januar des gleichen Jahres anläßlich einer schweren Operation schon reichlich Antibiotikum verabreicht bekommen hatte, wollte sie es lieber über alternative Methoden versuchen. Sie rief sofort nach dem Arzttermin ihren Homöopathen in Deutschland an, der ihr Nux Vomica C 30 verschrieb. Die Frau nahm dieses Mittel und verzichtete auf das Antibiotikum. Einige Tage später war sie geheilt.

Deutung

- Das Konsultationshoroskop spiegelt die Problematik klar wider: Mars ist nicht nur H1, sondern auch H6: Die Frau ist krank. Der Mond im 6. Haus in Widder weist auf eine Entzündung (Widder) hin. Mars steht in Waage (seinem Exil) im 12. Haus schlecht.

- Venus ist sowohl H7 als H8: Der Arzt (7) ist ein traditioneller Schulmediziner, der chemische Medikamente (8) verschreibt. Manchmal kann das notwendig sein, aber in diesem Fall steht Venus schlecht: Sie ist in ihrer engen applikativen Konjunktion mit der Sonne (Orbis nur 1 1/2 Grad) »verbrannt«. Die verbrannte Venus weist darauf hin, dass der Arzt in diesem Fall keinen guten Ratschlag erteilt. Der absteigende Mondknoten an der Spitze von 7 erzählt uns Ähnliches.

- Alternative Heiler und Heilmethoden fallen erfahrungsgemäß unter das 9. Haus. H9, der Mond, bildet ein applikatives Trigon zur in Löwe und in einem Eckhaus sehr stark stehenden Sonne, die in diesem Taghoroskop Hauptlicht und »Hyleg« (Lebensspender) ist. Zudem steht Mars, die Patientin, auf 15° Waage »in den Grenzen« von Jupiter, dem Verwandtschaftsplaneten für alternative Heilung, der in diesem Horoskop in seinem Domizil Schütze stark steht. Obwohl Mond und Jupiter keine Hauptaspekte zu Mars bilden, spricht sehr viel in diesem Horoskop für ein alternatives Heilverfahren, was sich dann auch bewährt hat.

Elektionen

Oft wenden sich Klienten an Stundenastrologen mit der Bitte, einen für eine Operation geeigneten Termin zu bestimmen. Es geht dann darum, ein Elektionshoroskop zu berechnen. Die Technik ist relativ zeitaufwendig und erst durch die Möglichkeiten, die astrologische Computerprogramme bieten, attraktiv geworden.

Wichtig ist es, dem Klienten zu erklären, dass es die hundertprozentige ideale Konstellation nie gibt. Das Bestreben des Astrologen ist vielmehr darauf gerichtet, die ungünstigsten Konstellationen zu vermeiden. Hilfreich ist dabei zu wissen, ob es sich um eine Routineoperation oder um einen sehr schwierigen Eingriff handelt.

Wenn für die Bestimmung eines Operationstermins nur ein paar Möglichkeiten zur Auswahl stehen (was meistens der Fall ist), erleichtert das die Arbeit des Astrologen sehr.

Aufgrund der Erfahrung beachte ich bei der Suche nach einem Operationstermin Folgendes:

- Eine uralte Regel besagt, dass man sich besser *nicht bei zunehmendem Mond* operieren lassen soll.
- Wenn möglich, soll im Elektionshoroskop der *Mond nicht im 1. Haus* stehen, weil diese Position das Unternehmen instabil machen könnte.
- Aus dem gleichen Grund soll der Mond auch nicht im Zeichen stehen, dem das zu operierende Körperteil zugeordnet wird. Das heißt zum Beispiel: Während einer Herzoperation soll der Mond nicht im Zeichen Löwe stehen, während einer Operation im Bereich der Füße nicht im Zeichen Fische usw. Diese Zuordnungen findet man in fast allen stundenastrologischen Büchern aufgelistet.
- Perioden mit schwierigen Transiten zum Geburtshoroskop, insbesondere von Mars (Verwandtschaftsplanet für Operationen) und Saturn, sollen vermieden werden.
- Besser wäre es auch, schwierige Aspekte von Uranus, Neptun und Pluto zu vermeiden, aber weil die Transite dieser Langsamläufer oft sehr lange dauern, müssen sie aus praktischen Gründen meistens außer Betracht bleiben.

Es gibt noch viele andere Regeln, für die ich auf die Literatur verweise. Das Problem ist, dass es fast nie gelingt, *alle* Regeln zu beachten. Fast immer muss der Astrologe beim Erstellen eines Elektionshoroskops Kompromisse eingehen.

Literaturtipp: Ein ausgezeichnetes und zeitgemäßes Buch zum Thema Elektionen ist: Claudia von Schierstedt, *Astrologische Terminwahl* (s. Bibliografie)

Horoskop 16
»Operationstermin«

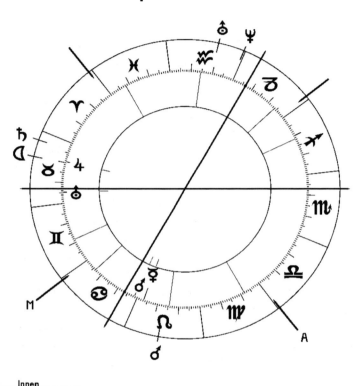

Innen		Außen	
☉			
☽		9°40′ ♉	
☿	3°06′ ♌		
♀			
♂	28°27′ ♋	13°03′ ♌	
♃	9°22′ ♉		
♄		3°04 ♉	
♅	24°37′ ♉	9°24 ♒	Stundenherrscher: ♃
♆		29°39 ♑	
♇			Innen: Patient
☊			Außen: OP-Termin

	Innen
A	23°23′ ♉
2	18°18′ ♊
3	5°57′ ♋
M	23°22′ ♑
11	15°25′ ♒
12	21°43′ ♓
	Häuser nach Placidus

Fall 16
Operationstermin

Die Situation
Ein 58-jähriger Mann soll an der Schilddrüse operiert werden. Die Operation ist am 10.9.1998 um 8 Uhr morgens in München vorgesehen (Horoskop 16). Er fragt mich, ob dieser Termin astrologisch in Ordnung ist, und wenn nicht, ob ich für ihn einen besseren Augenblick bestimmen kann.

Deutung erster Operationstermin
In Horoskop 16 sehen Sie im Innenkreis das Radix des Patienten, im Außenkreis das Horoskop für diesen festgelegten Operationstermin. Das Operationshoroskop kann man als Transit-Horoskop über das Radix betrachten. Zur Vereinfachung der Besprechung sind beide Horoskope nur teilweise abgedruckt.

Abgesehen von dem abnehmenden Mond sieht der Operationstermin astrologisch nicht gut aus:

- Der Mond im Operationshoroskop steht im Zeichen Stier, das vielen Autoren zufolge die Schilddrüse beherrscht.
- Transit-Saturn bildet im Operationshoroskop ein zwar separatives aber sehr enges Quadrat zu Radix-Merkur, der im Geburtshoroskop Herrscher des 6. Hauses (Krankheit) ist.
- Transit-Uranus bildet im Operationshoroskop rückläufig ein enges applikatives Quadrat zu Radix-Jupiter, der im Geburtshoroskop H8 ist.
- Transit-Neptun bildet im Operationshoroskop rückläufig eine applikative Opposition zu Radix-Mars.
- Der Operations-Mond bildet ein applikatives Quadrat zum Operations-Mars.

Aufgrund dieser Konstellationen habe ich von der Operation am 10. September abgeraten und einen anderen Termin vorgeschlagen: 14.10.1998 (Horoskop 17).

Horoskop 17
»Elektion OP-Termin«

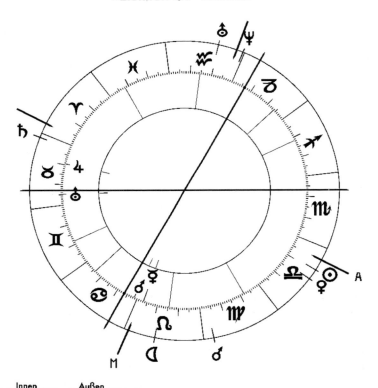

Innen	Außen
☉	13°03′ ♎
☽	12°04′ ♌
☿ 3°07′ ♌	
♀	16°35′ ♎
♂ 28°28′ ♋	4°06′ ♍
♃ 9°23′ ♉	
♄	0°55′ ♉
♅	8°49′ ♒
♆	29°23′ ♑
♇	
☊	

	Innen
A	23°23′ ♉
2	18°18′ ♊
3	5°57′ ♋
M	23°22′ ♑
11	15°25′ ♒
12	21°43′ ♓

Stundenherrscher: ♃

Innen: Patient
Außen: Elektion OP-Termin

Häuser nach Placidus

Fall 17
Elektion neuer Operationstermin

Deutung Elektion zweiter Operationstermin
Am 14.10.1998 sieht der Himmel viel besser aus:
- Die schlechten Transite von Saturn, Uranus und Neptun sind alle vorbei und inzwischen sind auch keine neuen ungünstigen Transite aufgetaucht. Transit-Neptun ist wieder direkt und damit ist die Opposition zu Radix-Mars separativ geworden.
- Der Mond in Löwe wird die Operation nicht ungünstig beeinflussen, ist abnehmend und bildet zudem Sextile zu Operations-Venus und Operations-Sonne.

Ablauf
Der Patient hat sich am 14. Oktober mit Erfolg operieren lassen.

Natürlich wissen wir nicht, wie eine Operation am 10. September ausgegangen wäre. Ich kann dazu nur sagen, dass in meiner Praxis die uralten Elektionsregeln sich schon oft bewährt haben.

15

Zwei Meisterstücke:
Die Deutungen von William Lilly

William Lilly

William Lilly war wohl der berühmteste englische Astrologe aller Zeiten. Er lebte im 17. Jahrhundert (1602–1681). Lilly führte ein langes und faszinierendes Leben, das er in einer sehr lesenswerten Autobiografie beschrieben hat.

Lilly wurde vor allem als Stundenastrologe bekannt. Sein berühmtestes Werk, *Christian Astrology,* erschien 1647 und wird immer noch als die »Bibel« der Stundenastrologie betrachtet. Tatsächlich hat Lilly, der u. a. Griechisch und Latein beherrschte, die vielen astrologischen Quellen in ihren Originalsprachen gelesen und intelligent in seinem Buch zusammengefasst. Dieses Fundament hat er mit seiner eigenen reichen astrologischen Erfahrung erweitert.

Lilly führte 1643–1665 seine Praxis am *Strand* in London. In seiner besten Zeit hat er um die zweitausend (!) Fragen pro Jahr beantwortet. Aus allen Teilen Englands und Europas kamen seine Klienten zu ihm, um sich für eine halbe Krone ihre Fragen beantworten zu lassen. Die Beispielhoroskope in Lillys Buch geben ein interessantes Bild der Probleme, die er behandelte und verschaffen uns einen klaren Blick auf seine Arbeitsmethode.

Ein Beispiel: Jedes Mal, wenn ein Klient oder eine Klientin sein Sprechzimmer betrat, hat Lilly darauf geachtet, ob Aussehen und Benehmen mit dem aktuellen Aszendenten harmonierten. Die Qualität der Zeit hat bewirkt, dass dies meistens der Fall war. Wenn nicht, hat Lilly das als eine für das Fragehoroskop ernstzunehmende Deutungseinschränkung betrachtet! Regelmäßig finden wir in *Christian Astrology* Beobachtungen wie: »*Der Aszendent Steinbock (im Fragehoroskop) und sein Herrscher Saturn sind trockener Natur, wie auch der Fragende, der trocken und mager, ein richtig saturnischer Mensch war usw.*« (Seite 197).

Heutzutage läuft Stundenastrologie überwiegend telefonisch ab. Der moderne Stundenastrologe bekommt seine Klienten fast nie zu sehen. Dass dabei trotz aller Vorteile auch etwas Wesentliches verlorengeht, ist klar!

Horoskop 18
»William Lilly«

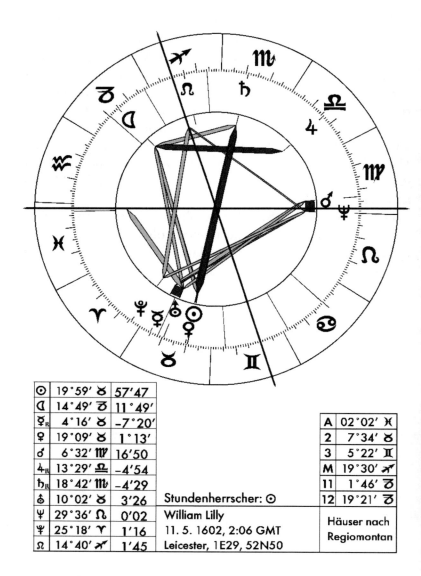

☉	19°59' ♉	57'47
☽	14°49' ♑	11°49'
☿ᴿ	4°16' ♉	-7°20'
♀	19°09' ♉	1°13'
♂	6°32' ♍	16'50
♃ᴿ	13°29' ♎	-4'54
♄ᴿ	18°42' ♏	-4'29
⚷	10°02' ♉	3'26
♆	29°36' ♌	0'02
♇	25°18' ♈	1'16
☊	14°40' ♐	1'45

A	02°02' ♓
2	7°34' ♉
3	5°22' ♊
M	19°30' ♐
11	1°46' ♑
12	19°21' ♑

Stundenherrscher: ☉

William Lilly
11. 5. 1602, 2:06 GMT
Leicester, 1E29, 52N50

Häuser nach
Regiomontan

Zwei Lilly-Horoskope

Lillys Buch *Christian Astrology* ist auch deshalb interessant, weil es so praxisnah ist. Die Theorie wird in den vielen Beispielen lebendig.

Im Folgenden stelle ich Ihnen in einer (freien) Übersetzung von meiner Hand zwei Horoskope aus seinem Buch vor. Damit Lillys Arbeitsweise für den modernen Leser deutlich wird, werde ich seinen Text regelmäßig mit einem erläuternden Kommentar versehen.

Wenn man die Horoskope mit dem Computer neu berechnet, sollte man darauf achten, dass im England des 17. Jahrhunderts noch die julianische Zeitrechnung herrschte. Die von Papst Gregorius XIII. 1582 eingeführte neue (»gregorianische«) Zeitrechnung wurde in Europa nur zögernd angenommen. Im (antikatholischen) England wurde sie erst 1752 eingeführt. Für Lillys Horoskope bedeutet das, dass man zu den von ihm genannten Daten 10 Tage addieren muss.

Lilly benutzte in seinen Horoskopen das Häusersystem *Regiomontanus*.

Das erste Horoskop

Dieses Horoskop steht in *Christian Astrology*, Seite 289.

Ein kranker Mann fragt Lilly, ob er wieder gesund wird. Ort und Zeitpunkt der Frage: London, 16. Juli (gregorianisch: 26. Juli) 1645, 7.28 Uhr GMT (Horoskop 19).

Bei der Bewertung von Lillys Arbeit bedenke man, dass der Tod und dessen Vorhersage im 17. Jahrhundert offensichtlich kein Tabu war und dass eine schwere Darminfektion zweifellos mit mehr Risiken verbunden war als heutzutage.

Horoskop 19
»Werde ich gesund?«

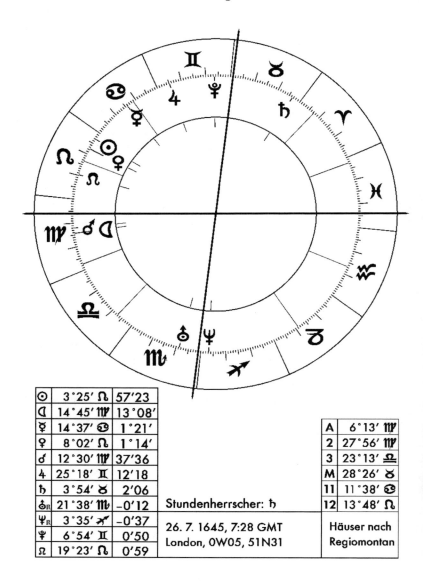

☉	3°25' ♌	57'23
☽	14°45' ♍	13°08'
☿	14°37' ♋	1°21'
♀	8°02' ♌	1°14'
♂	12°30' ♍	37'36
♃	25°18' ♊	12'18
♄	3°54' ♉	2'06
♅ᵣ	21°38' ♏	-0'12
♆ᵣ	3°35' ♐	-0'37
♇	6°54' ♊	0'50
☊	19°23' ♌	0'59

A	6°13' ♍
2	27°56' ♍
3	23°13' ♎
M	28°26' ♉
11	11°38' ♋
12	13°48' ♌

Stundenherrscher: ♄

26. 7. 1645, 7:28 GMT
London, 0W05, 51N31

Häuser nach
Regiomontan

Horoskop 19
»Werde ich wieder gesund?«

Lilly schreibt:

»*Der Jungfrau-Aszendent wird stark von der Konjunktion mit Mars (. . .) angegriffen. Aus diesem Grund können wir aus dem 1. Haus sowohl die Krankheit als auch ihre Ursache diagnostizieren.*«

Erläuterung: Mars, einer der beiden klassischen »Übeltäter«, steht in diesem Horoskop im 1. Haus, dem »Lebenshaus«. Deshalb wird dieses Haus »angegriffen« und gibt Hinweise auf Ursache und Art der Krankheit.

»*Wassermann, ein festes Zeichen, steht an der Spitze des 6. Hauses, das von dem absteigenden Mondknoten angegriffen wird. Saturn, der Herrscher des 6. Hauses, steht im ebenfalls festen Zeichen Stier, im melancholischen Element Erde. Stier steht in der gleichen Triplizität wie der Jungfrau-Aszendent.*«

Erläuterung: Das 6. Haus gibt immer Hinweise auf die Krankheit. Die Tatsache, dass sowohl die Spitze von 6 als auch der (klassische) Herrscher von 6 (Saturn) sich in festen Zeichen befinden (Wassermann, Stier), weist darauf hin, dass die Krankheit hartnäckig ist. Auch der als ungünstig betrachtete absteigende Mondknoten im 6. Haus weist in die gleiche Richtung. Saturn, Herrscher von 6, ist neben Mars der andere klassische Übeltäter. Die drei Zeichen Stier, Jungfrau und Steinbock gehören zum Element Erde, das dem melancholischen Temperament entspricht.

»*Der Mond, als allgemeiner Signifikator für alle Krankheiten, steht ungünstig in der Nähe von Mars, bildet eine Konjunktion mit Cauda Leonis (Denebola) . . .*«

Erläuterung: In der antiken Astrologie wurde bestimmten Fixsternen große Bedeutung zugemessen. Denebola (Beta Leonis) gilt als ungünstig für die Gesundheit.

»... und überträgt das Licht von Merkur, Herrscher des Aszendenten, auf Jupiter, Herrscher von 8.«

Erläuterung: Der Mond hat gerade das Sextil zu Merkur, Herrscher von 1, dem Fragenden, gebildet und wird demnächst ein Quadrat zu Jupiter, dem klassischen Herrscher von 8, dem Todeshaus, bilden. Man nannte das »Übertragung des Lichts«: Der Mond überträgt das Licht von Merkur auf Jupiter und verbindet auf diese Weise die beiden Planeten miteinander.

»Die Sonne, Quelle der Lebenskraft und Hauptlicht zur Zeit der Fragestellung, bildet ein exaktes Quadrat zu Saturn, dem Herrscher der 6. Hauses.«

Erläuterung: Die Sonne ist Hauptlicht, weil es um ein Tageshoroskop geht: Die Sonne steht über dem Horizont.

»Der Stand des Mondes im 1. Haus, im melancholischen Element Erde, weist zusammen mit den anderen Signifikatoren darauf hin, dass der Patient schwermütig ist, Fieber hat und an einer ernsthaften Darmkolik leidet (...)«

Erläuterung: Der Feuerplanet Mars ist der Indikator für Fieber. Weil Mond und Mars im Zeichen Jungfrau stehen, das die Gedärme beherrscht, diagnostiziert Lilly eine Darminfektion.

»Mond und Mars im 1. Haus lassen auch vermuten, dass der Patient an Störungen im Kopf (»disturbances in his head«) und an Schlaflosigkeit leidet.«

Erläuterung: Das 1. Haus, analog zum ersten Zeichen Widder, regiert den Kopfbereich.

»Dies alles hat völlig gestimmt.

Ich überzeugte den Mann, Frieden mit Gott zu machen und seinen Haushalt in Ordnung zu bringen , denn ich meinte, er würde noch höchstens 10 bis 12 Tage leben, weil im Horoskop alle Signifikatoren auf den Tod hinweisen.

Der kranke Mann starb am 28. Juli (gregorianisch: 7. August. Van Slooten), 12 Tage, nachdem er die Frage gestellt hatte. Am Todestag bildete Transit-Merkur, Herrscher von 1, im Fragehoroskop eine Konjunktion mit der Sonne und ein Quadrat zu Saturn, Herrscher von 6. An diesem Tag bildete Transit-Mond an der Spitze des 6. Hauses eine Opposition mit Transit-Sonne an der Spitze des 12. Hauses des Fragehoroskops.«

Stände am Todestag (gregorianisch 7. August 1645, 0 Uhr GMT): Merkur 4°54' Löwe; Mond: 8°04' Wassermann; Sonne: 14°37' Löwe.

Das zweite Horoskop

Dieses Horoskop steht in *Christian Astrology,* Seite 196.

Ort und Zeitpunkt der Frage: London, 7. November (gregorianisch: 17. November) 1645, 11.43 Uhr GMT

Horoskop 20
»Wo ist mein Bruder?«

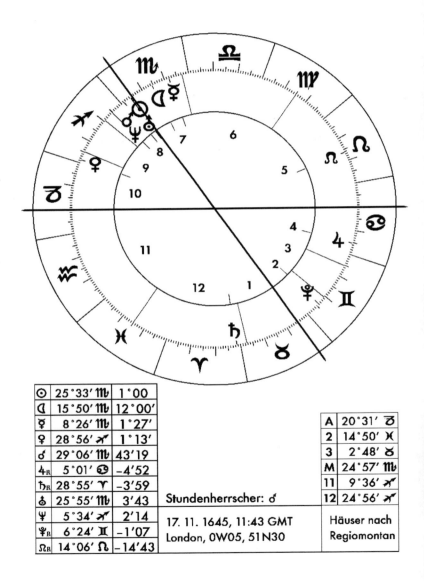

☉	25°33' ♏	1°00
☽	15°50' ♏	12°00'
☿	8°26' ♏	1°27'
♀	28°56' ♐	1°13'
♂	29°06' ♏	43'19
♃ᵣ	5°01' ♋	-4'52
♄ᵣ	28°55' ♈	-3'59
⚷	25°55' ♏	3'43
♆	5°34' ♐	2'14
♇ᵣ	6°24' ♊	-1'07
☊ᵣ	14°06' ♌	-14'43

A	20°31' ♉
2	14°50' ♓
3	2°48' ♉
M	24°57' ♏
11	9°36' ♐
12	24°56' ♐

Stundenherrscher: ♂

17. 11. 1645, 11:43 GMT
London, 0W05, 51N30

Häuser nach
Regiomontan

Horoskop 20
»Wo ist mein Bruder?«

Lilly schreibt:

»Ein Bürger aus London machte eine Reise im Westen Englands. Schon viele Wochen hatte man nichts von ihm vernommen. Sein Bruder kam in großer Sorge zu mir und stellte mir die folgenden Fragen:

1. *Lebt er noch oder wurde er vielleicht von Soldaten, die sich derzeit zahlreich in unserem elenden Königreich herumtreiben, getötet?*
2. *Wenn er noch lebt: Wann bekomme ich eine Nachricht von ihm, und wo hält er sich auf?*
3. *Wann würde er nach Hause kommen?*

Der Aszendent verkörpert hier die äußere Erscheinung des Fragenden. Steinbock und sein Herrscher Saturn sind trockener Natur, wie auch der Fragende, der trocken und mager, ein richtig saturnischer Mensch war usw.

Stier ist der Aszendent des 3. Hauses, und Venus, die Herrscherin, verkörpert den abwesenden Bruder. Weil der Mond mit keinem der beiden Signifikatoren einen applikativen Aspekt bildet, ist er für diese Frage nicht so wichtig.«

Erläuterung: Lilly meint wohl, dass der Mond, wenn er zu Saturn (H1) und Venus (H3) Aspekte gebildet hätte, dies beide vielleicht in einer Übertragung des Lichts verbunden hätte, was auf einen baldigen Kontakt zwischen den Brüdern hätte hinweisen können.

»Weil Venus als Significatrix des abwesenden Bruders weder von Merkur, Herrscher des 8. Hauses des Horoskops, noch von Mars, Herrscher des 8. Hauses des Bruders (8. ab 3. = 10. Haus. Van Slooten) verletzt wird, (...) meinte ich, dass der Bruder noch am Leben sei, dass ihm nichts zugestoßen sein konnte und er bei guter Gesundheit war. Deshalb war es nicht mehr nötig, die zweite Hälfte der ersten Frage zu beantworten.

Ihr könnt leicht feststellen, dass Venus, Herrscherin des 3. Hauses (= der abwesende Bruder), und Saturn, Herrscher des Aszendenten (= der Fragende), sich in einem freundlichen Trigon gegenseitig nähern; denn Saturn, der gerade rückläufig ist und sich in einem höheren Grad als Venus befindet, geht rückläufig auf sie zu. Deshalb ist es sehr wahrscheinlich, dass der Fragende sehr plötzlich und schnell eine Nachricht von seinem Bruder bekommen wird. Wenn ihr in der Eickstadius-Ephemeride 1645, 7. November (nach dem julianischen Kalender. Van Slooten), *nachschaut, werdet ihr die genaue Zeit des Vollwerdens dieses Aspekts finden: fünf Uhr nachmittags, was kurz nach vier Uhr in London bedeutet. Deshalb habe ich dem Fragenden geraten, zu den Frachtführern der Grafschaften zu gehen, die sein Bruder besucht hatte, und sie zu fragen, wann sie seinen Bruder gesehen hatten, denn ich erzählte ihm, dass er wahrscheinlich noch am gleichen Tag etwas über ihn erfahren würde, aus dem einfachen Grund, dass die Signifikatoren der beiden Parteien ein freundliches Trigon bilden würden. Der Fragende hat mir bestätigt, dass um etwa vier Uhr ein Frachtführer ihm zufällig begegnet sei und ihm mitgeteilt habe, dass sein Bruder gesund sei und lebe.«*

Erläuterung: In der Computerberechnung dieses Horoskops steht Venus auf 28°56' Schütze und Saturn rückläufig auf 28°55' Widder. In diesem Fall wäre der Aspekt gerade separativ. Laut der von Lilly benutzten Ephemeriden waren die respektiven Stände: Venus auf 28°53' Schütze und Saturn rückläufig auf 29°13' Widder. Wenn wir diese letzten Stände in Betracht ziehen, hat Lilly richtig gedeutet.

»Die Reise des Bruders ging westwärts; zur Zeit der Frage steht seine Significatrix Venus auf dem Punkt, das nordöstliche (Druckfehler! Lilly meint wohl südöstliche! Van Slooten) *Zeichen Schütze zu verlassen und ins südliche Zeichen Steinbock zu gehen. Daraus schloss ich, dass der Bruder sich im südöstlichen Teil der Grafschaft aufhielt, nach dem er verreist war. Weil Venus nicht weit vom Aszendenten entfernt war, im östlichen Viertel des Horoskops, meinte ich, dass der Bruder*

sich nicht mehr als zwei Reisetage entfernt von London befin-
den würde. Weil Venus das Zeichen Schütze verlassen und in
den Steinbock gehen würde, in dem Triplizität und Grenzen
ihr essentielle Würde verleihen, urteilte ich, dass der Mann die
Grafschaft, in der er keinen Besitz und Wohnsitz hatte, verlas-
sen und zu seinem eigenen Haus nach London, wo er Besitz
hatte, kommen würde.«

Erläuterung: Die Feuerzeichen deuten die östliche Himmelsrichtung an.
Widder Ost, Löwe Nordost, Schütze Südost. Venus steht in einem Tages-
horoskop in Steinbock in ihrer Triplizität und zudem in den ersten sechs
Graden dieses Zeichens in ihren »Grenzen«.

»Weil Venus noch 1 Grad zurücklegen musste, bevor sie das
Zeichen Schütze verlassen würde, glaubte ich, dass der Bruder
in weniger als einer Woche zu Hause sein würde, denn im
beweglichen Zeichen Schütze bedeutet ein Grad, in Bezug auf
die Art der Frage, etwa eine Woche.

Aber er kam schon am nächsten Dienstag (4 Tage später.
Van Slooten), als der Mond den Körper von Venus berührte
und als Venus inzwischen in den Steinbock eingetreten war
und sich in ihren Grenzen und ihrer Triplizität befand.«

Erläuterung: Wir sehen, dass auch Lilly sich mit der Zeitmessung schwer
tut. Das freudige Ereignis wurde hier nicht von der Zeiteinheit 1 Grad = 1
Woche ausgelöst, sondern von dem laufenden Mond, der oft »die Geschichte erzählt«. Am 21. November (gregorianisch) 1645 um 12 Uhr
GMT standen Mond und Venus in einer Konjunktion auf 3° Steinbock.

»Der freundliche Aspekt zwischen den Signifikatoren der
beiden Brüder zeigt, dass die beiden immer sehr gut harmo-
nierten.«

Teil IV

Beispiele und Übungen

Vorbemerkung

Dieser Teil bietet Ihnen die Möglichkeit, anhand vieler Beispiele die Praxis der Fragenastrologie *selbständig* zu üben.

Die Beispiel- und Übungshoroskope stammen aus *allen Lebensbereichen*:

Arbeit, Besitz, Kauf und Verkauf; Immobilien; Partnerschaft und andere Beziehungen; Haustiere; Reisen; Gesundheit und Krankheiten. Zudem habe ich die Horoskope nach ihrem *Schwierigkeitsgrad* gegliedert:

Schwierigkeitsgrad 1: Einfache Horoskope, die eine schnelle Deutung mit Hilfe von nur wenigen Faktoren ermöglichen;
Schwierigkeitsgrad 2: Horoskope, die nicht extrem einfach, aber auch nicht sehr schwierig sind;
Schwierigkeitsgrad 3: Schwierige Horoskope, in denen die Deutungsfaktoren teilweise widersprüchlich sind und/oder in denen viele Deutungsfaktoren berücksichtigt werden müssen.

Zu jedem Horoskop gebe ich Ihnen zuerst einige allgemeine Deutungshinweise und ein paar Tipps, worauf Sie insbesondere beim vorliegenden Horoskop achten sollten. Dann wird die Frage, um die es geht, formuliert und die Umstände, die zur Frage geführt haben, erörtert. Ich empfehle Ihnen, zuerst selbst jedes Horoskop zu bearbeiten: Analysieren Sie es Punkt für Punkt anhand der *Checkliste* auf der folgenden Seite.

Nach der Analyse deuten Sie das Horoskop und versuchen Sie, die Antwort zu geben. Schlagen Sie erst dann die nächsten Seiten auf, die es Ihnen ermöglichen, Ihre Analyse und Deutung zu überprüfen.

Wichtig: Jedes Mal, wenn ich von einem Haus spreche, meine ich damit den Herrscher dieses Hauses (Hauptsignifikator) und die Planeten, die sich gegebenenfalls in diesem Haus befinden (Nebensignifikatoren).

Zum Beispiel: »Besitz fällt unter das 2. Haus« bedeutet, dass der Herrscher des 2. Hauses (Abkürzung: H2) der Hauptsignifikator (HS) für Besitz ist, und Planeten in diesem Hause die Nebensignifikatoren (NS) sind.

Viel Erfolg!

Checkliste

1. Die Frage
- Ist die Frage *konkret, sinnvoll* und *zulässig?*
- *Deutungseinschränkungen?*
- *Widerspiegelung* der Frage?

2. Signifikatoren und Mond
- Soll das Horoskop *gedreht* werden?
- Welche *Hauptsignifikatoren* (Hausherrscher)?
- Welche *Nebensignifikatoren* (Planeten in relevanten Häusern)?
- Welche *Verwandtschaftsplaneten?*
- Welche Rolle spielt der *Mond?*

3. Aspekte und andere Planetenverbindungen
- Welche *applikativen Aspekte?* (Aufpassen vor *Vereitelung* und *Verlorengehen!*)
- Besondere Formen der Aspektbildung? (*Wiedervereinigung, Übertragung* oder *Sammlung des Lichts?*)
- Planeten in *gegenseitiger Rezeption?*
- Planeten in Antiszie / Contra-Antiszie?

4. Kräfteverhältnisse der Planeten
Gibt es Planeten, die:
- in ihrem *Domizil,* in ihrer *Erhöhung,* in ihrer *Triplizität,* in ihren *Grenzen,* in ihrem *Gesicht,* in *gegenseitiger Rezeption,* in ihrer *Freude* stehen?
- an einer *Achse* oder in einem *Eckhaus* stehen?
- *gute Aspekte* empfangen?
- *relativ schnell* sind?
- im Exil, im Fall, oder in *Peregrinität* stehen?
- *rückläufig* sind?
- sich *unter den Strahlen der Sonne* befinden oder *verbrannt* sind?

- sich in einem *Unglückshaus* (6, 8, 12) befinden?
- *belagert* sind und/oder *schlechte Aspekte empfangen*?
- *eingeschlossen* sind?
- sich in einem *kritischen Grad* (0°, 29°, Mondknoten-grad, Mondhäusergrad) befinden?
- *im Leerlauf* sind?
- *relativ langsam* sind?

5. Sonstiges
- Könnte der *Stundenherrscher* eine Rolle in der Deutung spielen?
- Andere interessante Deutungsfaktoren?

6. Wann? – Frage
➡ Regeln in Kapitel 9

7. Wo? – Frage
➡ Regeln in Kapitel 10

Horoskope mit Schwierigkeitsgrad 1

Hinweis
In Teil I haben die folgenden Horoskope Schwierigkeitsgrad 1:
- Horoskop 1: »*Kommt meine Frau zurück?*« (Seite 15)
- Horoskop 2: »*Wurde mein Geldbeutel in der S-Bahn gestohlen?*« (Seite 22)
- Horoskop 4: »*Zur Beerdigung?*« (Seite 39)
- Horoskop 5: »*Wer hat Recht?*« (Seite 48)

Horoskope mit Schwierigkeitsgrad 2

Hinweis
In den Teilen I, II und III haben die folgenden Horoskope Schwierigkeitsgrad 2:
- Horoskop   3: »*Soll ich kündigen?*« (Seite 30)
- Horoskop   6: »*Kunstreise nach Frankreich?*« (Seite 58)
- Horoskop   8: »*Vertragsabschluss?*« (Seite 89)
- Horoskop   9: »*Wohnungskauf?*« (Seite 96)
- Horoskop 11: »*Alternative Praxis?*« (Seite 118)
- Horoskop 12: »*Spirituelle Therapie?*« (Seite 123)

Horoskope mit Schwierigkeitsgrad 3

Hinweis
In den Teilen I und III haben die folgenden Horoskope Schwierigkeitsgrad 3:
- Horoskop   7: »*Soll ich weiter kämpfen?*« (Seite 68)
- Horoskop 10: »*Wo ist mein Auto?*« (Seite 109)
- Horoskop 13: »*Stirbt meine Tante?*« (Seite 132)

Horoskop 21
»Werde ich die Stelle in Spanien bekommen?«

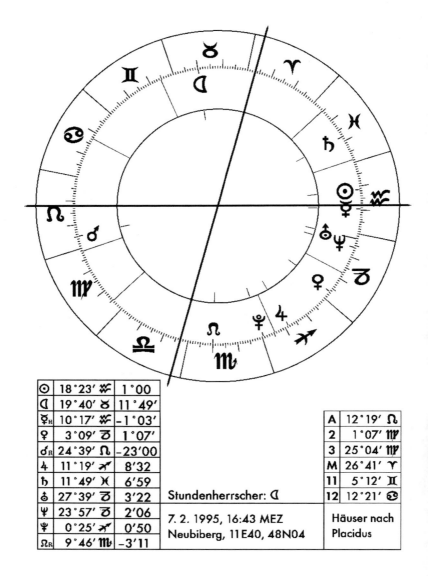

☉	18°23' ♒	1°00
☽	19°40' ♉	11°49'
☿℞	10°17' ♒	-1°03'
♀	3°09' ♑	1°07'
♂℞	24°39' ♌	-23'00
♃	11°19' ♐	8'32
♄	11°49' ♓	6'59
⚷	27°39' ♑	3'22
♆	23°57' ♑	2'06
♇	0°25' ♐	0'50
☊℞	9°46' ♏	-3'11

A	12°19' ♌
2	1°07' ♍
3	25°04' ♍
M	26°41' ♈
11	5°12' ♊
12	12°21' ♋

Stundenherrscher: ☽

7. 2. 1995, 16:43 MEZ
Neubiberg, 11E40, 48N04

Häuser nach Placidus

Horoskop 21
Schwierigkeitsgrad: 1

»Werde ich in meiner Firma die neue Stelle in Spanien bekommen?«

Allgemeine Deutungshinweise zum Thema Arbeit
- Berufe in einem Angestelltenverhältnis, Beamte und Dienstpersonal: 6. Haus
- Freiberufe und führende Stellen, Vorgesetzte, Chefs, Direktoren usw.: 10. Haus
- Freie Arbeitsverhältnisse, gelegentliche Arbeit, die Nebeneinkünfte bringt: 5. Haus
- Arbeitskollegen: 11. Haus
- Geschäftspartner: 7. Haus
- Wenn jemand sich um eine neue Stelle bewirbt, die eine deutliche Beförderung mit sich bringt, liegt die jetzige Arbeit meistens im 6. Haus, die neue Stelle im 10. Haus.
- Wenn jemand schon eine 6. Haus-Stelle hat und sich um eine andere 6. Haus-Stelle bewerben möchte, fällt diese neue Stelle unter das 11. Haus (11 ist 6 ab 6).
- Wenn es darum geht, Arbeitsbedingungen verträglich festzulegen, können *Saturn* und *Merkur* eine Rolle spielen.

Interessant an diesem Horoskop:
- Die einfache und schnelle Deutung mit Hilfe von nur zwei Planeten
- Die Bedeutung der Rückläufigkeit

Erörterung der Frage

Eine Italienerin arbeitet als Angestellte für eine italienische Firma in Deutschland. Die Arbeit ist interessant und wird auch gut bezahlt. Sie fühlt sich aber in Deutschland nicht wohl, u. a. weil sie die Sprache nicht sehr gut beherrscht. (Während der Arbeit spricht sie fast ausschließlich italienisch.) Jetzt hat sie erfahren, dass in der Tochterfirma in Spanien eine ähnliche Stelle geschaffen wird: gleiche Arbeit, gleiches Gehalt. Weil sie glaubt, dass sie sich in Spanien besser zu Hause fühlen wird, hat sie sich schon mündlich nach einer Versetzung erkundigt, aber die Direktion hat ihr mitgeteilt, dass sie sich offiziell bewerben soll wie alle anderen Interessierten auch. Das hat sie inzwischen getan, aber seither hat sie nichts mehr erfahren. Ihre Frage lautet: *»Werde ich die Stelle bekommen?«* (Horoskop 21)

Horoskopanalyse

1. Die Frage

Widerspiegelung

- Mond eingeschlossen in Stier im 10. Haus: Frage mit Bezug auf »Revier« (Stier) und Beruf; die Fragende macht sich darüber Gedanken, wie sich ihre Vorgesetzten (10) entscheiden werden, aber sie kann derzeit nichts unternehmen und muss das Ergebnis abwarten (Mond eingeschlossen).
- Sonne (H1, die Fragende) in Wassermann im Exil: Sie fühlt sich in Deutschland nicht zu Hause.
- Merkur rückläufig dominierend an einer Achse: mangelnde Sprachkenntnis!

2. Signifikatoren

- Die Fragende: H1 = Sonne
- NS Fragende: Mond
- Die jetzige Arbeit: H6 = Saturn
- Die neue Stelle in Spanien: H6 ab 6 = H11 = Merkur (Wenn es um die Wahl zwischen zwei gleichen Angelegenheiten geht,

liegt die Alternative gleich viele Häuser weiter wie die erste Möglichkeit.)
- Die Direktion der Firma: H10 = Mars
- Merkur ist auch H3 (Sprachen) und Verwandtschaftsplanet für Sprachen.

3. Aspekte und andere Planetenverbindungen
- Sonne (H1) Opposition Mars (H10)
- Mond Quadrat Mars (H10)
- (Das Quadrat Jupiter – Saturn geht (vorläufig) verloren, weil Jupiter vorher rückläufig wird.)

4. Kräfteverhältnisse der Planeten
- Sonne (H1) steht schwach im Exil (Wassermann).
- Mond steht zwar in Erhöhung in Stier, ist aber eingeschlossen.
- Saturn (H6) steht schlecht: peregrin in Fische, im 8. Haus.
- Merkur ist rückläufig und dominiert am DC.

5. Sonstiges
- Stundenherrscher: Mond

Deutung

Die Frage ist leicht zu beantworten: Die Konjunktion zwischen Sonne (Fragende) und Merkur (neue Stelle in Spanien) wird wegen der Rückläufigkeit des letzteren im Zeichen Wassermann *nicht* zustande kommen. Die Frau wird die Stelle nicht bekommen. Wir haben hier ein schönes Beispiel dafür, wie einfach die Stundenastrologie oft funktioniert: Für die Antwort brauchen wir nur zwei Planeten in Betracht zu ziehen.

Das Horoskop zeigt, dass die Frau Schwierigkeiten auf der jetzigen Arbeit hat: H6, Saturn, im 8. Haus, Uranus/Neptun im 6. Haus. Auch das (separative) Quadrat zwischen Sonne und Mond (HS und NS der Frau) lässt vermuten, dass sie innerlich unzufrieden und unausgeglichen ist, und dass sie grundsätzlich einiges in ihrem Leben ändern sollte.

Ablauf

Die Frau bekam die Stelle in Spanien tatsächlich nicht und wurde zudem von ihren Vorgesetzten auf ihre mangelnden Deutschkenntnisse angesprochen: Für ihre Karriere in der Firma wäre es wünschenswert zu zeigen, dass sie sich dem Leben in einem fremden Land anpassen könne! Diese »Rüge« wird im Horoskop von Sonne (H1) Opposition Mars (H10) und Mond Quadrat Mars angezeigt. Dass die geringe Bereitschaft, die Sprache des Gastlandes zu lernen, wohl der Hauptgrund für die Absage sein könnte, zeigt der am DC dominierende rückläufige Merkur, der sowohl H3 (Sprachen) als auch Verwandtschaftsplanet für Sprachen ist.

Eine andere Bedeutung der Rückläufigkeit ist in diesem Horoskop auch aktuell: Durch die Rückläufigkeit von Merkur geht die Konjunktion mit der Sonne verloren.

Horoskop 22
»Werde ich entlassen?«

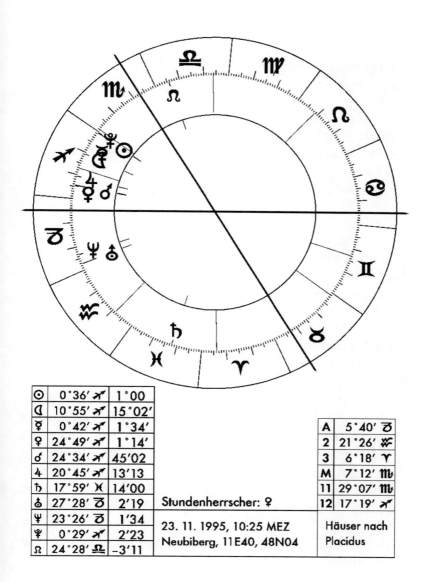

☉	0°36' ♐	1°00
☽	10°55' ♐	15°02'
☿	0°42' ♐	1°34'
♀	24°49' ♐	1°14'
♂	24°34' ♐	45'02
♃	20°45' ♐	13'13
♄	17°59' ♓	14'00
⚷	27°28' ♉	2'19
♆	23°26' ♉	1'34
♇	0°29' ♐	2'23
☊	24°28' ♎	-3'11

A	5°40' ♉
2	21°26' ♒
3	6°18' ♈
M	7°12' ♏
11	29°07' ♏
12	17°19' ♐

Stundenherrscher: ♀

23. 11. 1995, 10:25 MEZ
Neubiberg, 11E40, 48N04

Häuser nach
Placidus

Horoskop 22
Schwierigkeitsgrad 1

»Werde ich entlassen?«

Allgemeine Deutungshinweise zum Thema Arbeit
• Siehe unter Horoskop 21, Seite 169

Interessant an diesem Horoskop:
• Die *Übertragung des Lichts* als wichtigster Deutungs-
  faktor
• Die Zeitbestimmung

Erörterung der Frage
Eine Frau hat Angst, dass sie wegen einer Reorganisation in
ihrer Firma entlassen wird. Sie ist nicht mehr so jung und
befürchtet, dass sie nicht so schnell eine andere Arbeit finden
würde. Sie fragt: »*Werde ich entlassen?*« (Horoskop 22)

Horoskopanalyse
1. Die Frage
Widerspiegelung
• H1 Saturn (die fragende Frau) im 2. Haus in einer eingeschlossenen Position: Die Frau bangt um ihre Existenz und
  materielle Sicherheit (2. Haus) und kann zur gleichen Zeit
  nicht viel unternehmen, um eine negative Entscheidung in
  der Führungsetage zu verhindern (Saturn im eingeschlossenen Zeichen Fische). Der finanzielle Charakter der Frage
  wird auch bestätigt durch die Doppelbeziehung von Saturn:
  Er ist sowohl H1 als auch H2.
• Uranus und Neptun im 1. Haus weisen auf plötzliche Entwicklungen, Unklarheit und Verwirrung hin.

2. Signifikatoren und Mond
• Die Fragende: H1 = Saturn
• NS Fragende: Mond
• Ihre Arbeit: H6 = Merkur

3. Aspekte und andere Planetenverbindungen
• Merkur und Mond laufen beide auf ein Quadrat zu Saturn zu. Technisch handelt es sich dabei auch um eine *Übertragung des Lichts*: Der Mond hat als letzter Aspekt eine Konjunktion mit Merkur gebildet und sein nächster Aspekt wird das Quadrat zu Saturn sein.

4. Kräfteverhältnisse der Planeten
• Merkur (H6) steht kritisch auf 0° Schütze (neue Situation!) in einer gradgenauen Konjunktion mit der Sonne (Verbrennung!) und mit Pluto (grundlegende Reorganisation der Arbeitsverteilung in der Firma).
• Saturn steht schwach: peregrin und eingeschlossen.

5. Sonstiges.
• Stundenherrscher: Venus

Antwort und Ablauf
Leider kann es nur eine Schlussfolgerung geben: Die Frau wird entlassen werden.

Tatsächlich kam der Entlassungsbrief am 5. Januar 1996.

Zeitbestimmung
(s. Kapitel 9)
Zwischen Frage und Entlassung lagen 44 Tage, also gut 6 Wochen. Der Mond, der, wie wir oben festgestellt haben, das Licht von Merkur (H6, Arbeit) bei sich trug, musste noch 7 Grade zurücklegen, bevor das Quadrat zu Saturn zustande kam. Diese 7 Grade korrespondieren ziemlich gut mit den 6 Wochen zwischen Frage und Entlassung. Ich stelle öfters fest, dass Ereignisse sich beschleunigen, wenn der Aspektbilder am

Tag der Frage überdurchschnittlich schnell ist. Der Mond legte an diesem Tag 15 °02' zurück, während seine durchschnittliche Tagesgeschwindigkeit bei 13 °11' liegt.

Wir stellen fest, dass die Zeiteinheit von 7 Wochen in diesem Fall der Tabelle 8 (Kapitel 9) entspricht: Der Mond befindet sich in einem beweglichen Zeichen in einem Mittelhaus, was tatsächlich bedeutet, dass die 7 Grade mit 7 Wochen korrespondieren könnten. Wahr ist, dass das Quadrat zwischen Mond und Saturn sich für die Zeitbestimmung am meisten anbietet, weil es der erste fällige Aspekt ist. Weil die Tabelle 8 leider nicht immer stimmt und deshalb die 7 Grade durchaus auch auf Tage oder Monate hätten hinweisen können, wäre aber jede Prognose in dieser Hinsicht gefährlich gewesen.

Horoskop 23
»Soll ich die angebotene Summe akzeptieren?«

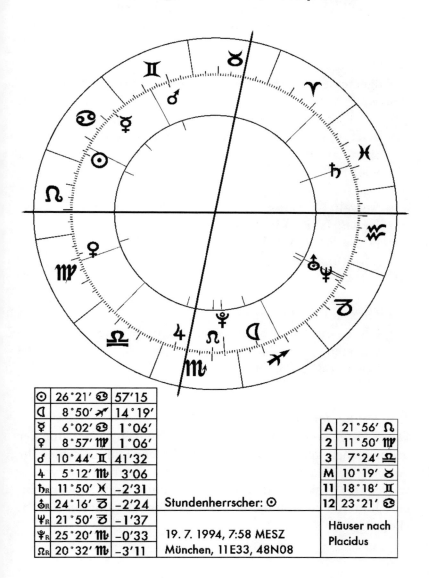

☉	26°21' ♋	57'15
☾	8°50' ♐	14°19'
☿	6°02' ♋	1°06'
♀	8°57' ♍	1°06'
♂	10°44' ♊	41'32
♃	5°12' ♏	3'06
♄ᵣ	11°50' ♓	−2'31
♅ᵣ	24°16' ♑	−2'24
♆ᵣ	21°50' ♑	−1'37
♇ᵣ	25°20' ♏	−0'33
☊ᵣ	20°32' ♏	−3'11

A	21°56' ♌
2	11°50' ♍
3	7°24' ♎
M	10°19' ♉
11	18°18' ♊
12	23°21' ♋

Stundenherrscher: ☉

19. 7. 1994, 7:58 MESZ
München, 11E33, 48N08

Häuser nach
Placidus

Horoskop 23
Schwierigkeitsgrad 1

»Soll ich die angebotene Summe der gegnerischen Versicherung akzeptieren?«

Allgemeine Hinweise zu den Themen Streit, Prozesse usw.
- Der Gegner: 7. Haus.
- Wichtig ist, nach den Regeln in Kapitel 8 zu untersuchen, welcher Herrscher kräftiger steht: entweder H1 oder H7.
- Der Richterspruch: 10. Haus.
- Anwälte: 9. Haus.
- *Heimliche* Feinde: 12. Haus.
- H12 = H1 (Doppelbeziehung): Der Fragende steht sich selbst im Wege, ist sein eigener Feind!

Interessant an diesem Horoskop:
- Die Beantwortung der Frage mit Hilfe eines einzigen Planeten!
- Das Große Kreuz

Erörterung der Frage
Diese Frage stellte mir eine Frau nach einem Streit mit der gegnerischen Versicherung. Die angebotene Summe schien ihr zu niedrig; sie fühlte sich als Opfer der Situation und wollte wissen, ob es sich lohnen würde, mit Hilfe eines Anwalts um eine höhere Leistung dieser Versicherung zu kämpfen (Horoskop 23).

Horoskopanalyse

1. Die Frage

Widerspiegelung

- Sonne (H1) im 12. Haus: Die Frau fühlt sich als Opfer (12. Haus) im Streit mit dieser Versicherung.

Signifikatoren und Mond

- Die Fragende: H1 = Sonne
- NS Fragende: Mond
- Die Gegnerin: H7 = Saturn
- Ein eventueller Anwalt: H9 = Mars

3. Aspekte und andere Planetenverbindungen

- Sonne im Leerlauf
- Mond (NS Fragende), Venus (an der Spitze von 2, NS für das Geld der Frau), Mars (H9) und Saturn (H7) bilden ein Großes Kreuz, in dem alle Aspekte applikativ sind!
- Jupiter wird auf 9° Skorpion ein Trigon zu Saturn bilden.
- (Neptun steht in der Antiszie des Mondes.)

4. Kräfteverhältnisse der Planeten

- Die Sonne steht ausgesprochen schwach: im 12. Haus, peregrin, im Leerlauf.
- Der Mond steht peregrin und bildet nur schlechte Aspekte.
- Venus steht im Fall und bildet schlechte Aspekte mit den Übeltätern Mars und Saturn.
- Saturn ist rückläufig und peregrin, wird aber unterstützt von seinem Dispositor Jupiter, dem Wohltäter, der im Bereich einer Achse (IC) ziemlich stark steht und ein Trigon zu Saturn bilden wird.

5. Sonstiges

- Stundenherrscher: Sonne

Deutung

Die Sonne ist sowohl H1 als auch Stundenherrscher; damit wird sie für die Deutung sehr wichtig. Im Grunde genommen können wir ausschließlich mit ihrer Hilfe die Frage beantworten! Die Sonne steht im 12. Haus schwach und dazu im Leerlauf. Das heißt, dass die Frau wahrscheinlich keinen Einfluss mehr auf den Lauf der Dinge nehmen kann und dass es zwecklos ist, weiter zu kämpfen.

Saturn (H7) steht an der Spitze des 8. Hauses, eine Bestätigung dafür, dass die Versicherung ihre Finanzen (8 = 2 ab 7) auf saturnische Weise verwaltet und sich nicht leicht zu einer höheren Leistung bewegen lassen wird. Venus, Verwandtschaftsplanet für Geld, und an der Spitze des 2. Hauses ein Signifikator für die finanzielle Lage der Frau, steht in Jungfrau im Fall und wird eine Opposition zu Saturn bilden, was bedeutet, dass ein Streit mit der Versicherung sich finanziell nicht lohnen wird. In die gleiche Richtung weist das Quadrat zwischen Mond und Saturn. Dass Venus, Mond und Saturn ein Großes Kreuz zu Mars (H9: Anwalt) bilden, in dem alle Aspekte applikativ sind, lässt vermuten, dass das Einschalten eines Anwalts höchstens zu Geldverschwendung führen wird.

Kurz und gut: Alle Aspekte weisen in die gleiche ungünstige Richtung. Deshalb bedeutet die Rückläufigkeit von Saturn in diesem Fall, dass die Versicherung sich wahrscheinlich auf ihre bezogene Stellung »zurückzieht«. Zudem bildet Jupiter, H8 und deshalb das Geld der Versicherung, nur ein Trigon zu Saturn und keine weiteren Aspekte.

Auf Grund dieser Deutung habe ich der Frau geraten, das angebotene Geld zu akzeptieren und nicht weiter zu kämpfen.

Ablauf

Später hat meine Klientin mir berichtet, dass sie diesen Rat befolgt hat, nachdem sie von einem Sachverständigen erfahren hatte, dass »mehr nicht drin gewesen wäre«.

Horoskop 24
»Wird M. um meine Hand anhalten?«

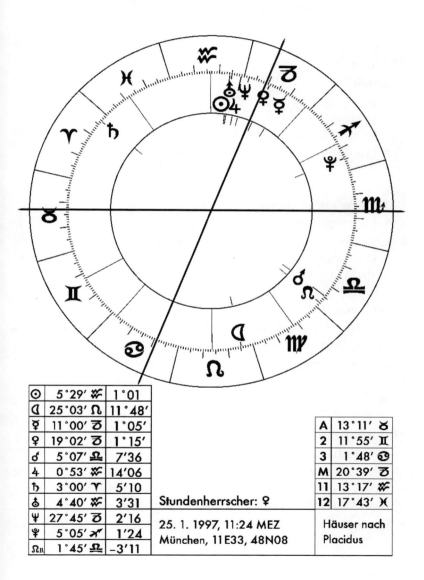

☉	5°29' ♒	1°01			
☽	25°03' ♌	11°48'			
☿	11°00' ♑	1°05'		A	13°11' ♉
♀	19°02' ♑	1°15'		2	11°55' ♊
♂	5°07' ♎	7'36		3	1°48' ♋
♃	0°53' ♒	14'06		M	20°39' ♑
♄	3°00' ♈	5'10		11	13°17' ♒
⚷	4°40' ♒	3'31	Stundenherrscher: ♀	12	17°43' ♓
♆	27°45' ♑	2'16	25. 1. 1997, 11:24 MEZ	Häuser nach	
♇	5°05' ♐	1'24	München, 11E33, 48N08	Placidus	
☊℞	1°45' ♎	-3'11			

Horoskop 24
Schwierigkeitsgrad 1

»Wird M. um meine Hand anhalten?«

Allgemeine Deutungshinweise zu Liebe und Partnerschaft
• Der feste Lebenspartner: 7. Haus
• Geliebte: 5. Haus
• Der Trauschein, das Standesamt: 10. Haus
• Hochzeit (als Ritual): 9. Haus

Interessant an diesem Horoskop:
• Die vielen gegenseitigen Rezeptionen
• Rückläufigkeit als Auslöser eines Ereignisses
• Das Fragehoroskop als »Porträtstudie«

Erörterung der Frage
Eine junge Frau mit einer kleinen Tochter hat einen Mann
kennengelernt, der ihr Geliebter geworden ist. Sie sehnt sich
nach einer Familie, möchte auch ein zweites Kind haben und
stellt die Frage: »*Wird M. um meine Hand anhalten?*« (Horoskop 24)

Horoskopanalyse
1. Die Frage
Widerspiegelung
• Mond im 5. Haus in Löwe: Frage über den Geliebten
• Stier-Aszendent: Die Fragende sucht Sicherheit
• Venus (H1) am MC in Steinbock: Standesamt, Trauschein

2. Signifikatoren und Mond
- Die Fragende: H1 = Venus
- NS Fragende: Mond
- Der Geliebte: H5 = Sonne
- Partnerschaft: H7 = Mars
- Trauschein, Standesamt: H10 = Saturn

3. Aspekte und andere Planetenverbindungen
- Mond und Sonne im Leerlauf
- Venus bildet nur noch die Konjunktion mit Neptun. (Die Konjunktion mit Merkur geht verloren, weil dieser zur Zeit der Fragestellung langsamer als Venus ist.)
- Mars wird demnächst rückläufig und bildet dann erneut die Opposition zu Saturn.

Rezeptionen
- Venus und Mars in gegenseitiger Rezeption (Venus im Zeichen, in dem Mars erhöht ist, und Mars im Venuszeichen Waage)
- Mars und Saturn in gegenseitiger Rezeption (Mars im Erhöhungszeichen des Saturn, und Saturn im Marszeichen Widder)
- Sonne und Saturn in gegenseitiger Rezeption (Sonne im Saturnzeichen Wassermann, und Saturn im Erhöhungszeichen Sonne)

4. Kräfteverhältnisse der Planeten
- Venus in ihrer Triplizität (s. Tabelle 2, Kapitel 8, Seite 78) und Stundenherrscher
- Sonne im Exil
- Saturn im Fall, eingeschlossen, aber im 12. Haus in seiner »Freude«
- Mars im Exil, eingeschlossen, aber im 6. Haus in seiner »Freude«

5. Sonstiges
• Stundenherrscher: Venus
• Mond in Konjunktion mit Sonne/Merkur im Radix der Frau

Deutung

Die Frau ist in diesen Mann verliebt: Mond im 5. Haus. Sie wünscht sich ein zweites Kind: Mond als H4 (Schwangerschaft) im 5. Haus (Kinder). Sie hofft auf eine beständige Beziehung: H1 (Venus) in gegenseitiger Rezeption mit H7 (Mars). Eine Ehe würde ihr Sicherheit bieten (AC in Stier) und helfen, auch im gesellschaftlichen Rahmen anerkannt zu werden: Venus am MC in Steinbock. Aber der Mann wird höchstwahrscheinlich nicht um ihre Hand anhalten: kein Aspekt zwischen Venus (H1) und Sonne (H5). In dieser Hinsicht wird es zu einer Enttäuschung oder zu einer Fehleinschätzung kommen (Venus Konjunktion Neptun).

Obwohl die Beziehung wahrscheinlich nicht beendet wird (Mond im Leerlauf), ist im nächsten halben Jahr (Wirkungsdauer des Horoskops) eine feste Partnerschaft nicht zu erwarten: H7, Mars, kurz vor der Rückläufigkeit, in Rezeption mit und in Opposition zu H10, Saturn; beide Planeten eingeschlossen, was heißt, dass sie sich nicht entfalten können.

Ablauf

Am 6. Februar 1997 rief M. meine Klientin an und machte ihr deutlich, dass er sich (vorläufig) nicht fest binden wolle. An diesem Tag wurde Mars (H7 = Partnerschaft) rückläufig!

Drehung des Horoskops

Es ist klar, dass es sich hier um ein sehr interessantes Fragehoroskop handelt, in dem noch viel mehr steckt als das, was hier zur Sprache kam. Eine gute Übung: Versuchen Sie, das Horoskop aus der Perspektive des Mannes zu deuten, indem Sie das Horoskop drehen und die Häuser umnummerieren: Das 5. Haus wird das 1. Haus des Mannes, das 6. Haus sein 2. Haus usw.

H2 des Mannes (= H6 des Horoskops), Merkur, steht in seinem 5. Haus: Er genießt es (2. Haus) zu lieben und geliebt zu werden. Als ich in der astrologischen Fachzeitschrift Meridian 5/97 dieses Horoskop behandelt hatte, schrieb mir eine Leserin: »*M. ist ein Mann, bei dem sich dominant-faszinierende Züge mit Charme, Stil und Liebenswürdigkeit verbinden. Als Liebhaber könnte man ihn vermutlich mit Attributen wie stürmisch, heißblütig, erobernd beschreiben; eine Tendenz zu nicht ernstgemeinten Affairen wäre denkbar. Sein Bedürfnis nach Freiheit und Unabhängigkeit könnte ausgeprägt sein. Aus dem Stundenhoroskop lässt sich gegebenenfalls auch schließen, dass er Schwierigkeiten hat, die Rolle des Partners mit der Rolle des Liebhabers zu verbinden.*« Als ich meiner Klientin diese Beschreibung am Telefon vorlas, war ihre erstaunte Reaktion: »*Sehr treffend.*«

Horoskop 25
»Soll ich heute diese Aktien kaufen?«

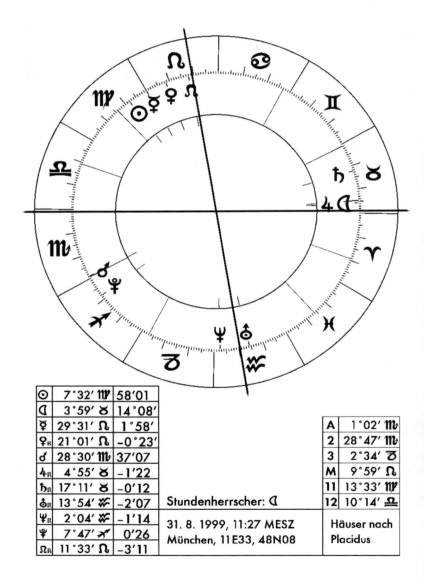

☉	7°32' ♍	58'01
☽	3°59' ♉	14'08'
☿	29°31' ♌	1'58'
♀ʀ	21°01' ♌	-0°23'
♂	28°30' ♏	37'07
♃ʀ	4°55' ♉	-1'22
♄ʀ	17°11' ♉	-0'12
⚷ʀ	13°54' ♒	-2'07
♆ʀ	2°04' ♒	-1'14
♇	7°47' ♐	0'26
☊ʀ	11°33' ♌	-3'11

A	1°02' ♏
2	28°47' ♏
3	2°34' ♐
M	9°59' ♌
11	13°33' ♍
12	10°14' ♎

Stundenherrscher: ☽

31. 8. 1999, 11:27 MESZ
München, 11E33, 48N08

Häuser nach
Placidus

Horoskop 25
Schwierigkeitsgrad: 2

»Soll ich heute diese Aktien kaufen?«

Allgemeine Deutungshinweise zu Besitz, Kauf und Verkauf
- Besitz und Finanzen (Geld, Wertpapiere und Wertgegenstände): 2. Haus
- Verwandtschaftsplaneten für Geld: *Venus* und *Merkur*
- Aktien und Wertpapieren fallen unter das 2. Haus, wenn der Fragende sie verkaufen will, und unter das 8. Haus, wenn er sie erwerben möchte.
- Wenn es um Spekulationsgeschäfte geht (Kauf und Verkauf von Aktien, Lotterien usw.), spielt meistens auch das 5. Haus eine Rolle.

Interessant an diesem Horoskop:
- Deutungseinschränkung
- Die Bedeutung eines separativen Aspekts
- Die Bedeutung von an Achsen dominierenden Planeten
- Die Bedeutung der Antiszie

Erörterung der Frage
Eine Frau kriegt einen »Geheimtipp«: Wenn sie ein gutes Geschäft machen möchte, soll sie noch am gleichen Tag bestimmte Aktien kaufen. Sie stellt sich sofort die Frage: »*Soll ich heute diese Aktien kaufen?*« (Horoskop 25)

Horoskopanalyse

1. Die Frage

Deutungseinschränkung!

Der AC auf 1° (Skorpion) sagt uns, dass die Frage zu früh kommt. Heißt das etwa, dass die Frau mit dem Kauf dieser Aktien noch warten sollte?

Widerspiegelung

Das Horoskop spiegelt die Frage wider:

- H1 = H2 (Doppelbeziehung): Die Fragende (H1) beschäftigt sich mit ihrer finanziellen Lage (H2).
- Mars (H1/2) an der Spitze von 2: Frage mit Bezug auf Geld

2. Signifikatoren und Mond

- Die Fragende: H1 = Mars
- NS Fragende: Mond
- Ihre Finanzen: H2 = Mars
- Die zu kaufenden Aktien: H8 = Venus
- Spekulation: H5 = Jupiter
- Verwandtschaftsplanet für den Geheimtipp: Merkur

3. Aspekte und andere Planetenverbindungen

- Merkur Quadrat Mars (separativ)
- Mars im Leerlauf
- Mars in Antiszie mit Neptun (Antisziegrad Mars: 1°30' Wassermann)
- Venus rückläufig im Quadrat zu Saturn
- Mond Konjunktion Jupiter

4. Kräfteverhältnisse der Planeten

- Mars (H1/2) im eigenen Zeichen, aber in den Grenzen von Saturn
- Mond, erhöht, stark an Achse (DC), in den Grenzen von Venus
- Venus ist sehr schwach: rückläufig, peregrin und in einem kritischen Mondhäusergrad.
- Uranus dominiert an einer Achse (IC).

5. Sonstiges
• Stundenherrscher: Mond

Deutung

Die Frage kommt zu früh, was heißt, dass wir eigentlich nicht deuten dürfen. Weil aber das Horoskop die Frage so schön widerspiegelt, können wir einen vorsichtigen Versuch wagen.

Ausschlaggebend ist die extrem schlechte Position von Venus (H8, die Aktien). Insbesondere ihre Rückläufigkeit weist darauf hin, dass die Aktien eher fallen als steigen werden. Dass die Frage zu früh kommt, könnte in dieser Hinsicht bedeuten, dass die Frau mit ihrem Kauf noch warten sollte. Sehr ungünstig ist auch, dass Venus rückläufig auf ein Quadrat zu Saturn zuläuft.

Mars (H1/2, die Fragende, ihr Geld) im Leerlauf besagt, dass jetzt besser keine Aktion unternommen werden sollte. Wenn ein Planet keine Aspekte bildet, wird ein eventueller Planet in dessen Antiszie oder Contra-Antiszie wichtiger: Hier handelt es sich um Neptun: Die Fragende soll aufpassen, ihr Geld nicht aus dem Fenster zu werfen (Neptun).

Interessant ist, dass Mars als letzter Aspekt das Quadrat zu Merkur gebildet hat: Der »Geheimtipp« (Merkur) war unzuverlässig (Quadrat).

Der an einer Achse dominierende Uranus besagt, dass vielleicht eine (meist unerfreuliche) Überraschung in Kauf genommen werden muss. Die Bedeutung der dominierenden Mond/Jupiter-Konjunktion wurde erst nach Ablauf der Geschichte recht deutlich.

Ablauf

Die Frau hatte mehr Vertrauen zu ihrem Tippgeber als zum Horoskop (das wegen der Deutungseinschränkung im Grunde nicht deutbar war) und kaufte noch am gleichen Tag die Aktien, deren Preis dann in den darauffolgenden Tagen tatsächlich gefallen ist. Dass die Frau die Papiere gekauft hat, zeigt uns der dominierende Mond (NS für die Fragende), der auch

Stundenherrscher ist und sich in einer engen applikativen Konjunktion mit Jupiter (H5: Spekulationsgeschäfte) befindet.

Fazit: Auch ein Horoskop, das eine Deutungseinschränkung vorweist, kann manchmal aussagekräftig sein. Insbesondere gilt das für Horoskope, welche die Frage widerspiegeln. Auch kann die Tatsache, dass eine Frage, die zu früh gestellt wird, an sich schon eine Antwort beinhalten: Abwarten!

Horoskop 26
»Soll mein Sohn weiterhin Antibiotika nehmen?«

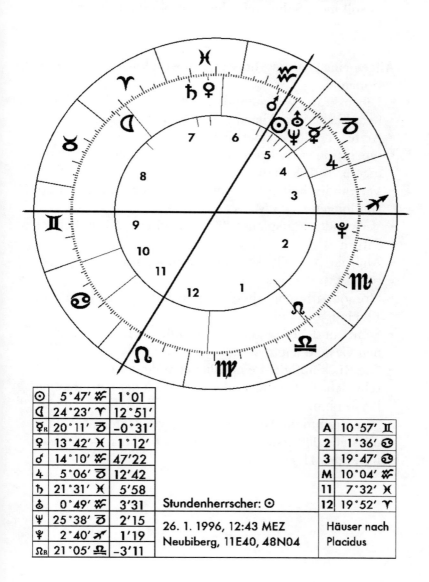

☉	5°47′ ♒	1°01
☽	24°23′ ♈	12°51′
☿ᴿ	20°11′ ♑	-0°31′
♀	13°42′ ♓	1°12′
♂	14°10′ ♒	47′22
♃	5°06′ ♑	12′42
♄	21°31′ ♓	5′58
⚷	0°49′ ♒	3′31
♆	25°38′ ♑	2′15
♇	2°40′ ♐	1′19
☊ᴿ	21°05′ ♎	-3′11

A	10°57′ ♊
2	1°36′ ♋
3	19°47′ ♋
M	10°04′ ♒
11	7°32′ ♓
12	19°52′ ♈

Stundenherrscher: ☉

26. 1. 1996, 12:43 MEZ
Neubiberg, 11E40, 48N04

Häuser nach
Placidus

Horoskop 26
Schwierigkeitsgrad 2

»Soll mein Sohn weiterhin Antibiotika nehmen?«

Allgemeine Deutungshinweise zu Krankheiten und Operationen
- Lebenskraft, Widerstandsfähigkeit, Vitalität: 1. Haus
- Krankheiten im Allgemeinen: 6. Haus
- Ärzte, Schulmediziner: 7. Haus
- Operationen, chemische (allopathische) Medikamente, Tod: 8. Haus
- Verwandtschaftsplanet für Operationen, Fieber, Entzündungen usw.: Mars
- Verwandtschaftsplanet für chronische Krankheiten: Saturn
- Alternative Heilmethoden (Homöopathie, Akupunktur usw.): 9. Haus
- Homöopathische (hoch potenzierte) Medikamente: 12. Haus
- Sonne und Mond geben Auskunft über den allgemeinen Gesundheitszustand.
- Die Rückläufigkeit eines Planeten deutet meistens auf schwache Gesundheit oder Krankheit der betreffenden Person hin.
- Wenn es um die Wahl zwischen zwei Ärzten geht, fällt meistens der erste Arzt unter das 6. Haus, der zweite unter das 11. Haus (= 6 ab 6).

Interessant an diesem Horoskop:
- Die Drehung des Horoskops
- Der rückläufige Merkur
- Die Rolle von Mars

Erörterung der Frage

Eine Mutter macht sich Sorgen um ihren 21-jährigen Sohn, der wegen einer Mandelentzündung eine Kur Antibiotika verabreicht bekommen hat. Obwohl der Sohn schon längst erwachsen ist, erzählt die Mutter, dass sie sich noch immer sehr stark mit ihm identifiziert. Um festzustellen, ob die Entzündung noch aktiv ist, wurde jetzt ein Abstrich gemacht und ins Labor geschickt. Das Ergebnis wird erst in einigen Tagen bekannt sein. Der Hausarzt hat jetzt vorgeschlagen, dass der Sohn inzwischen mit einer zweiten Kur Antibiotika weitermacht, eben weil noch nicht sicher sei, ob die Entzündung vorbei ist. Der Sohn möchte diesem Vorschlag auch folgen, doch die Mutter wehrt sich dagegen. Sie denkt eher an alternative Heilverfahren und stellt die Frage: »*Soll mein Sohn weiterhin Antibiotika nehmen?*« (Horoskop 26)

Horoskopanalyse

1. Die Frage

Widerspiegelung
- H1 = H5 (Merkur): Die Mutter identifiziert sich stark mit dem Sohn.

2. Signifikatoren und Mond

Wir müssen das Horoskop drehen und die Häuser umnummerieren: Das 5. Haus ist das 1. Haus des Sohnes, das 6. Haus sein 2. usw.
- Der Sohn: H5 = Merkur
- Seine Krankheit: H6 ab 5 = H10 = Saturn
- Antibiotika: H8 ab 5 = H12 = Mars

- Mars ist auch Verwandtschaftsplanet für Entzündungen.
- Sonne ist u. a. Verwandtschaftsplanet für das Herz.
- Der Mond ist wahrscheinlich eher Nebensignifikator für den Sohn als für die Mutter.

3. Aspekte und andere Planetenverbindungen

- Merkur bleibt rückläufig bis 19° und wird dann direktläufig das Sextil zu Saturn (H6 Sohn) bilden. (Das Sextil mit Venus kommt nicht mehr zustande, weil Venus schneller ist als Merkur.)
- Mond Quadrat Neptun (einziger Aspekt)
- Obwohl es keine direkte Verbindung zwischen Merkur und Mars gibt, ist Merkur stark auf Mars bezogen: Er steht im Zeichen von dessen Erhöhung und in dessen Grenzen.
- Eine schwache gegenseitige Rezeption: Mars im Saturnzeichen Wassermann und Saturn in der Triplizität von Mars.

4. Kräfteverhältnisse der Planeten

- Merkur ist schwach: rückläufig (bis 19° Steinbock) und peregrin.
- Mond steht schwach im 12. Haus (8. Haus Sohn) und ist peregrin.
- Mars dominiert am MC und ist unter den Strahlen der Sonne.
- Sonne dominiert am MC. Zudem ist sie Stundenherrscher.

5. Sonstiges

- Stundenherrscher: Sonne

Deutung

Der junge Mann ist noch krank: Seine Planeten Merkur und Mond stehen schwach. Insbesondere weist Merkurs Rückläufigkeit auf Krankheit und das Mond/Neptun-Quadrat auf Abwehrschwäche hin. Mars im 6. Haus: Die Entzündung (Mars) ist noch anwesend! Damit ist die Frage schon beantwortet: Er soll weiterhin Antibiotika nehmen, denn sonst wäre die erste

Kur umsonst gewesen: gegenseitige Rezeption Mars (H8: Antibiotikum) und Saturn (H6: Krankheit).

Das Sextil, das Merkur, nachdem er seine Rückläufigkeit beendet hat und wieder direkt geworden ist, zu Saturn (H6: Krankheit) bildet, bedeutet, dass der Sohn wieder gesund wird, aber dass er dafür noch was unternehmen muss. Im Gegensatz zu Trigonen, die das Gewünschte wie von selbst zustande bringen, verlangen Sextile noch Eigeninitiative: Der junge Mann soll mit dem Antibiotikum weitermachen.

Was könnte die an einer Achse dominierende Sonne bedeuten? Am MC steht sie stark und zudem macht sie auf sich aufmerksam, weil sie Stundenherrscher ist. In Wassermann steht sie aber im Exil. Weist diese stark (MC) aber schlecht stehende (Exil) Sonne (Verwandtschaftsplanet für das Herz) darauf hin, dass die Streptokokken das Herz in Mitleidenschaft ziehen könnten? Das wäre ein zusätzlicher Grund, mit der zweiten Kur Antibiotika anzufangen.

Ablauf

Der Befund bestätigte das Deutungsergebnis: Die Entzündung war noch immer aktiv.

Nachbetrachtung

Das Problem bei diesem Horoskop ist, dass die Deutung in die Irre führen könnte, wenn man sich nicht streng auf die beiden Hauptfaktoren beschränkt: den rückläufigen Merkur und den im 6. Haus des Sohnes dominierenden Mars. Die Rückläufigkeit bedeutet, dass der Junge noch krank ist und Mars im 6. Haus, dass die Mandeln noch immer entzündet sind.

Horoskop 27
»Soll ich mich an der Lendenwirbelsäule operieren lassen?«

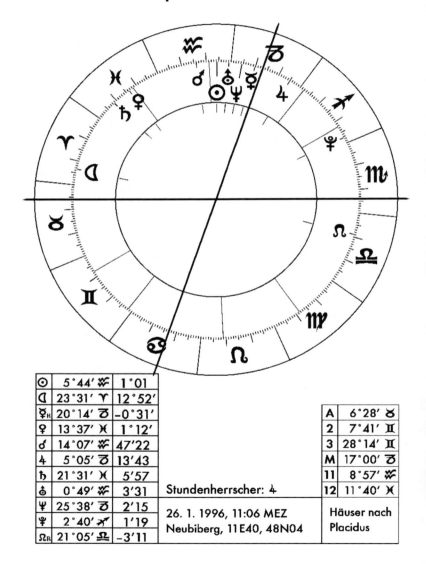

☉	5°44' ♒	1°01			
☽	23°31' ♈	12°52'			
☿ᴿ	20°14' ♑	-0°31'		**A**	6°28' ♉
♀	13°37' ♓	1°12'		**2**	7°41' ♊
♂	14°07' ♒	47'22		**3**	28°14' ♊
♃	5°05' ♑	13'43		**M**	17°00' ♑
♄	21°31' ♓	5'57		**11**	8°57' ♒
☉	0°49' ♒	3'31	Stundenherrscher: ♃	**12**	11°40' ♓
♅	25°38' ♑	2'15	26. 1. 1996, 11:06 MEZ		Häuser nach
♆	2°40' ♐	1'19	Neubiberg, 11E40, 48N04		Placidus
☊ᴿ	21°05' ♎	-3'11			

Horoskop 27
Schwierigkeitsgrad 2

»Soll ich mich an der Lendenwirbelsäule operieren lassen?«

Allgemeine Hinweise zu Krankheiten und Operationen
• Siehe unter Horoskop 26, Seite 192.

Interessant an diesem Horoskop:
• Merkur rückläufig und dominierend am MC
• Die Einbeziehung der neuen Planeten Uranus, Neptun und Pluto in die Deutung
• Die Verbindung mit dem Geburtshoroskop

Erörterung der Frage
Eine Frau stellte mir die Frage, ob sie sich an der Lendenwirbelsäule operieren lassen sollte. Von dieser Operation erhoffte die Frau sich ein Ende oder wenigstens eine Linderung der Schmerzen, unter denen sie schon seit längerer Zeit litt. Es würde sich um eine relativ neue, mikrochirurgische Technik handeln, deren Ergebnis nicht im voraus feststand (Horoskop 27).

1. Die Frage
Widerspiegelung
• Venus ist nicht nur H1, sondern auch Mitherrscher von 6 (Waage im 6. Haus eingeschlossen): Frage mit Bezug auf Krankheit.
• Mond in 12: Frage mit Bezug auf Krankenhausaufnahme

2. Signifikatoren und Mond
- Die Fragende: H1 = Venus
- NS Fragende: Mond
- Die Operation: H8 = Jupiter
- Der Chirurg: H7 = Mars
- Mars ist Verwandtschaftsplanet für Operationen
- Die Krankheit: H6 = Merkur
- Uranus ist Verwandtschaftsplanet für Mikrochirurgie

3. Aspekte und andere Planetenverbindungen
- Venus im Sextil zu Merkur und in Konjunktion mit Saturn
- Mond Quadrat Neptun (einziger Aspekt)

4. Kräfteverhältnisse der Planeten
- Venus (H1) in Fische erhöht, aber im 12. Haus in einer schlechten Position
- Mond eingeschlossen im 12. Haus und peregrin in Widder
- Merkur (H6) rückläufig und peregrin, aber dominierend an einer Achse (MC)
- Jupiter (H8) in Steinbock im Fall (aber im eigenen »Gesicht«)
- Mars in Wassermann peregrin und von der Sonne (applikativ) verbrannt
- Uranus kritisch auf 0°

5. Sonstiges
- Stundenherrscher: Jupiter
- Pluto an der Spitze von 8
- Neptun in Konjunktion mit dem Radix-Aszendenten

Deutung
Die Erhöhung von Venus (H1) bedeutet wahrscheinlich, dass die körperliche Verfassung der Frau einer Operation nicht im Wege steht. Die Position im 12. Haus ist jedoch denkbar schlecht. In der Stundenastrologie bedeutet das 12. Haus meistens Unglück, Pech, Rückschläge. Venus wird (nach einem Sextil mit dem rückläufigen Merkur) eine Konjunktion mit Saturn bilden. Weil Saturn in der Stundenastrologie oft die

Rolle des Übeltäters spielt, ist diese Konjunktion ein zusätzlicher Hinweis, dass innerhalb der nächsten 3 bis 6 Monate (Periode der Wirkungsdauer eines Fragehoroskops) von einer Operation abzuraten sei.

Die anderen wichtigen Signifikatoren ergänzen diese Deutung: Jupiter, Signifikator für die Operation, steht geschwächt. Pluto steht an der Spitze des 8. Hauses. Mars, der Chirurg und Verwandtschaftsplanet für Operationen (Messer), steht geschwächt. Der am MC dominierende rückläufige Merkur erzählt uns, dass die Frau sich vielleicht noch nicht ausreichend über diese Operation und andere Möglichkeiten zur Heilung informiert (Merkur) hat.

Uranus, Verwandtschaftsplanet für neue Techniken, ist gerade ins eigene Zeichen Wassermann eingetreten, steht aber auf 0° kritisch: Es ist nicht auszuschließen, dass die Frau für diese neue noch nicht ausgereifte (0°) Operationstechnik die Rolle des Versuchskaninchens spielen wird!

Der Mond, NS für die Fragende, wird, bevor er das Zeichen Widder verlässt, nur noch das Quadrat zu Neptun bilden, was den Ausgang der Operation zusätzlich unsicher macht. Interessant ist, dass Neptun zur Zeit der Fragestellung eine genaue Konjunktion zum Radix-Aszendenten der Frau bildete: für einen Eingriff am Körper keine günstige Konstellation.

Aufgrund dieser Deutung habe ich der Frau von einer Operation in den nächsten 3 bis 6 Monaten abgeraten, und ihr vorgeschlagen, sich zuerst besser über ihre verschiedenen Heilungschancen zu informieren.

Ablauf

Die Frau hat meinen Ratschlag nicht befolgt (Merkur rückläufig!) und sich am 13.2.96 operieren lassen. Sie hat mir später mitgeteilt, dass die Operation keinen Erfolg gebracht und sie nur eine Menge Geld gekostet hatte (Merkur ist auch H2), weil die Versicherung nicht bereit war, die Kosten zu übernehmen. Im Fragehoroskop bildet Venus (H1) nach 7° ein Sextil zu Merkur (H2): Erst nach 7 Monaten hat die Versicherung gezahlt.

Horoskop 28
»Wo ist meine Schildkröte?«

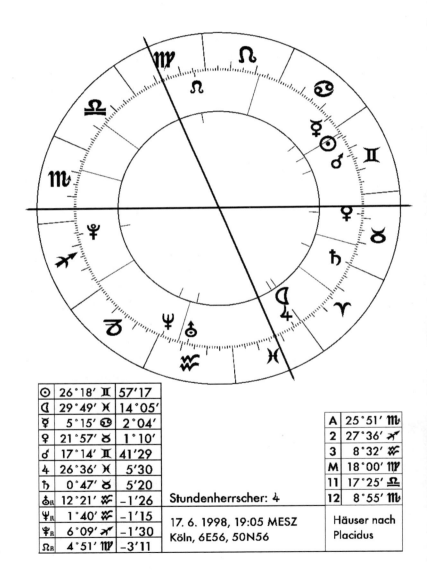

☉	26°18' ♊	57'17	
☽	29°49' ♓	14°05'	
☿	5°15' ♋	2°04'	
♀	21°57' ♉	1°10'	
♂	17°14' ♊	41'29	
♃	26°36' ♓	5'30	
♄	0°47' ♉	5'20	
♅ʀ	12°21' ♒	-1'26	Stundenherrscher: ♃
♆ʀ	1°40' ♒	-1'15	
♇ʀ	6°09' ♐	-1'30	17. 6. 1998, 19:05 MESZ
☊ʀ	4°51' ♍	-3'11	Köln, 6E56, 50N56

A	25°51' ♏
2	27°36' ♐
3	8°32' ♒
M	18°00' ♍
11	17°25' ♎
12	8°55' ♏
Häuser nach Placidus	

Horoskop 28
Schwierigkeitsgrad 2

»Wo ist meine Schildkröte?«

Allgemeine Hinweise zu verschwundenen Menschen, Tieren, Gegenständen
• Siehe Kapitel 10.
• Haustiere: 6. Haus

Interessant an diesem Horoskop:
• Die Zeitbestimmung durch den Zeichenwechsel des Mondes

Erörterung der Frage
Eine Frau sucht schon seit einigen Tagen verzweifelt ihre Schildkröte. Sie befürchtet, dass dem Tier etwas zugestoßen ist, und stellt die Frage: *»Wo ist meine Schildkröte?«* (Horoskop 28)

Horoskopanalyse
1. Die Frage
Widerspiegelung
Das Horoskop spiegelt die Lage nur insofern wider, als der Signifikator für die Schildkröte, Venus (H6), an einer Achse (DC) dominiert.

2. Signifikatoren und Mond
• Die Fragende: H1 = Mars
• Die Schildkröte: H6 = Venus
• Der Mond könnte sowohl Nebensignifikator (NS) für die Fragende als auch für das Haustier sein.

3. Aspekte und andere Planetenverbindungen
- Leider gibt es keinen applikativen Aspekt zwischen Mars (H1) und Venus (H6).
- Der Mond ist im Leerlauf; ihm fehlen nur noch 10 Bogenminuten bis zum Eintritt ins Zeichen Widder.
- Venus Sextil Jupiter (einziger Aspekt)

4. Kräfteverhältnisse der Planeten
- Venus (H6) steht stark und gut an einer Achse (DC) und in ihrem Domizil Stier, ist aber von Mars und Saturn »belagert«.

5. Sonstiges
- Mars (H1) und Venus (H6) stehen weniger als 30° auseinander.
- Stundenherrscher: Jupiter

Deutung

Es geht der Schildkröte zur Zeit der Frage gut: Venus steht im eigenen Zeichen Stier und an einer Achse sehr stark. Ihr droht allerdings eine Gefahr: Venus ist »belagert« zwischen den Übeltätern Mars und Saturn. Dass das Tier sich in der Nähe der Fragenden, sogar im Haus aufhält, zeigen zwei Horoskopfaktoren: Venus an der Spitze eines Eckhauses; Mars (H1) und Venus (H6) weniger als 30° voneinander entfernt. Das Tier hält sich wahrscheinlich im westlichen Teil des Hauses auf (Venus am DC) und zwar am Boden: Venus im Erdzeichen Stier.

Weil das Tier offensichtlich in der Nähe ist, sind die Chancen, es zu finden, entsprechend gut, auch wenn wir bedenken, dass die Frau schon seit einigen Tagen sucht und es keinen Aspekt zwischen Mars (H1) und Venus (H6) gibt. Allerdings wird Venus ein Sextil zu Jupiter bilden. Weil Schütze den größten Teil des 1. Hauses besetzt, würde Wiliam Lilly in einem solchen Fall Jupiter als zweiten Herrscher des 1. Hauses betrachten. Zudem ist Jupiter H4: Das Tier wird wahrscheinlich im Hause gefunden werden.

Ablauf

Nach dieser Schnelldeutung, die der Frau direkt nach der Fragestellung vermittelt wurde, hat sie die Schildkröte sofort gefunden. Diese befand sich tatsächlich im westlichen Teil des Hauses, und zwar in einer Nische in der Küche. Das kleine Tier hatte sich dort in einem Haufen Schmutzwäsche versteckt, die – Schildkröte ade! – am nächsten Tag in der Waschmaschine gewaschen werden sollte. Die Entdeckung fand 20 Minuten nach der Fragestellung statt. In diesem Augenblick wechselte der Mond das Zeichen. Wie ich in Kapitel 9 beschrieben habe, löst der Zeichenwechsel des Mondes nicht selten ein Ereignis aus.

Fazit: So können Stundenastrologen Schildkröten das Leben retten!

Horoskop 29
»Werde ich eine Wohnung in der Altstadt Venedigs finden?«

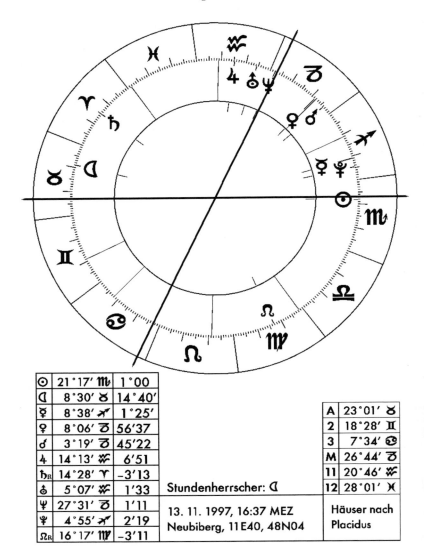

☉	21°17' ♏	1°00
☽	8°30' ♉	14°40'
☿	8°38' ♐	1°25'
♀	8°06' ♑	56'37
♂	3°19' ♑	45'22
♃	14°13' ♒	6'51
♄ᵣ	14°28' ♈	−3'13
⚷	5°07' ♒	1'33
♆	27°31' ♑	1'11
♇	4°55' ♐	2'19
☊ᵣ	16°17' ♍	−3'11

A	23°01' ♉
2	18°28' ♊
3	7°34' ♋
M	26°44' ♑
11	20°46' ♒
12	28°01' ♓

Stundenherrscher: ☽

13. 11. 1997, 16:37 MEZ
Neubiberg, 11E40, 48N04

Häuser nach Placidus

Horoskop 29
Schwierigkeitsgrad: 3

»Wird es mir gelingen, eine Wohnung in der Altstadt
Venedigs zu kaufen?«

Allgemeine Deutungshinweise zu Immobilien
- (s. auch unter Horoskop 9 in Kapitel 9)
- Immobilien und Grundstücke: 4. Haus
- Bei Kauf und Verkauf fällt der Fragende (egal ob Käufer oder Verkäufer) immer unter das 1. Haus und die andere Partei unter das 7. Haus.
- Informationen über den Preis: 10. Haus
- Wenn jemand fragt, ob er umziehen soll, aber noch kein bestimmtes Objekt im Auge hat, fällt die Wohnung, in der er lebt, unter das 4. Haus und eine eventuelle neue Wohnung unter das 7. Haus (4. ab 4.).

Interessant an diesem Horoskop:
- Die Wichtigkeit von an den Achsen dominierenden Planeten
- Die Sonne als Verwandtschaftsplanet für Behörden
- Die Fälle von Sammlung des Lichts und Rezeption

Erörterung der Frage
Eine Frau ruft mich aus Venedig an. Sie erzählt, dass ihr die schöne Wohnung, die sie in der Altstadt bewohnt, leider unerwartet gekündigt wurde. Sie muss sich jetzt innerhalb von 3 Monaten eine neue Wohnung suchen und möchte gerne kaufen statt mieten. Die Immobilienpreise sind im *Centro storico* von Venedig aber wahnsinnig hoch. Die (für sie erschreckende) Alternative wäre eine Wohnung in Venedigs Vorstadt

Mestre, wo die Immobilienpreise viel niedriger sind. Sie fragt mich: »*Wird es mir gelingen, in den nächsten drei Monaten im San Marco-Viertel eine Wohnung für einen angemessenen Preis zu finden?*« (Horoskop 29)

Horoskopanalyse
1. Die Frage
Widerspiegelung
Die Frage spiegelt sich mehrfach wider:
- AC in Stier: Wunsch nach Besitz
- H4 = Mond in Stier im 12. Haus: Ihre jetzige Wohnung, in der sie sich so wohl fühlt (Mond in Stier erhöht), wird sie verlieren (12. Haus: Verlust).
- Mond in separativem Trigon zu Venus (H1): Die schöne Zeit in ihrer Wohnung ist vorbei.
- Mond in separativem Quadrat zu Uranus: Unerwartet wurde ihr die Wohnung gekündigt.
- Neptun dominierend am MC (Preis): unrealistische, spekulative Immobilienpreise

2. Signifikatoren und Mond
- Fragende: H1 = Venus
- Die jetzige Wohnung, in der sie noch lebt: H4 = Mond
- Neue Wohnung: H4 ab 4 = H7 = Mars
- Preis einer neuen Wohnung: H10 = Saturn
- Finanzielle Lage der Frau: H2 = Merkur
- Hypothek bei der Bank: H8 = Jupiter

3. Aspekte und andere Planetenverbindungen
- Sonne am DC Sextil Neptun am MC
- Mond Quadrat Jupiter und Opposition Sonne (Wenn wir aber den Mond vor allem als Signifikator für die alte Wohnung betrachten, sind diese Aspekte nicht so wichtig.)
- Venus und Mars Konjunktion Neptun

Sammlung des Lichts

Saturn sammelt das Licht von nicht weniger als vier Planeten auf sich:

- Venus Quadrat Saturn
- Mars Quadrat Saturn
- Merkur Sextil Jupiter und Trigon Saturn
- Jupiter Sextil Saturn

Rezeption

- Mars und Saturn in gegenseitiger Rezeption (Mars im Saturnzeichen Steinbock, Saturn im Marszeichen Widder)
- Venus und Mars im Saturnzeichen Steinbock im Aspekt mit Saturn

4. Kräfteverhältnisse der Planeten

- Sonne und Neptun dominieren an Achsen.
- Venus ist schwach in Steinbock in einem fallenden Haus, und relativ langsam.
- Mars ist in Steinbock erhöht.
- Mond ist in Stier erhöht, steht aber schlecht im 12. Haus.
- Saturn steht in Widder im Fall, aber im 12. Haus in seiner Freude.

5. Sonstiges

- Stundenherrscher: Mond
- Sonne könnte hier Verwandtschaftsplanet für Behörden sein.

Deutung

Der am MC (Preis) dominierende Neptun verrät uns sofort, dass die Immobilienpreise in Venedig (sowieso eine neptunische Stadt!) in der Tat spekulativ sind. Venus, die Frau, steht in Steinbock in einem fallenden Haus nicht besonders stark. Sie bewegt sich zur Zeit der Frage auch relativ langsam (56 Minuten pro Tag), was auch ein Zeichen der Schwäche ist. Leider wird es im Zeichen Steinbock nicht zu einer Konjunktion mit Mars, der eventuellen neuen Wohnung, kommen. (Die Kon-

junktion kommt erst auf 3° Wassermann zustande.) Dagegen
wird Venus ein Quadrat zu H10 (Saturn) bilden: Die Frau wird
nicht in der Lage sein, eine Wohnung in der Altstadt zu zahlen.

Es gibt aber auch positive Hinweise. Merkur, HS für die
finanziellen Mittel der Frau, steht in Schütze zwar schwach
(Exil), bildet aber ein Sextil zu Jupiter und ein Trigon zu
Saturn: Mit Hilfe einer Hypothek (Jupiter = H8) könnte sie
trotzdem in der Lage sein, den Preis (Saturn) zu zahlen. Interessant ist hier der klassische Fall von »Sammlung des Lichts«:
Der langsame Saturn empfängt die Aspekte der schnelleren
Planeten Merkur, Venus, Mars und Jupiter und bewirkt auf
diese Weise einen indirekten Kontakt zwischen diesen Signifikatoren! Zudem »empfängt« Saturn als Dispositor Venus
und Mars in seinem eigenen Zeichen, was die beiden Planeten
aufwertet. Durch seine Erhöhung in Steinbock und die gegenseitige Rezeption mit Saturn wird Mars noch stärker. Die
Konjunktionen von Venus und Mars mit dem am MC (Preis!)
dominierenden Neptun könnten auch auf eine Lösung des
Problems hinweisen.

Interessant ist der günstige Aspekt der beiden an den Achsen
dominierenden Planeten Sonne und Neptun. Die Sonne ist oft
ein Glücksbringer, und hier ist sie zudem Herrscher von 5
(Glück). Auch dies könnte ein Hinweis darauf sein, dass die
Sache trotz Schwierigkeiten in Ordnung kommt.

Aufgrund dieser Deutung kann man der Frau nur raten,
trotz der schwierigen Lage ihren Wunsch nicht zu schnell
aufzugeben und insbesondere auch die Möglichkeiten einer
finanziellen Hilfe (Hypothek, Zuschüsse) auszuschöpfen!

Ablauf

Im Januar 1998 rief die Frau mich wieder an und erzählte mir,
dass es ihr nach einer langen und mühsamen Zeit der Suche
gelungen war, sich eine schöne Wohnung im San Marco-Viertel zu erwerben. Der Preis war erwartungsgemäß sehr hoch,
aber ... als geborene Venezianerin konnte sie von einem groß-
zügigen Zuschuss der Stadt profitieren! (Die Gemeinde fördert

auf diese Weise, dass Venedig eine Stadt für Venezianer bleibt.) Die Stadt war ihr auch behilflich gewesen bei der Aufnahme einer relativ günstigen Hypothek.

Tatsache ist, dass die Hauptsignifikatoren Venus (Fragende) und Mars (neue Wohnung) keinen *direkten* Aspekt bilden, was eine Vorhersage heikel machte. (Der Kontakt zwischen den beiden findet nur indirekt über Saturn statt.) Die eigentliche Frage meiner Klientin, ob sie eine Wohnung für einen *angemessenen* Preis finden würde, muss deshalb eher mit »nein« beantwortet werden; die Stadt löste aber ihr Problem, indem sie ihr unter die Arme griff. Im Horoskop erkennen wir in diesem Fall klar die positive Rolle der dominierenden Sonne (auch Verwandtschaftsplanet für Behörden).

Horoskop 30
»Wird es zu einer neuen Begegnung kommen?«

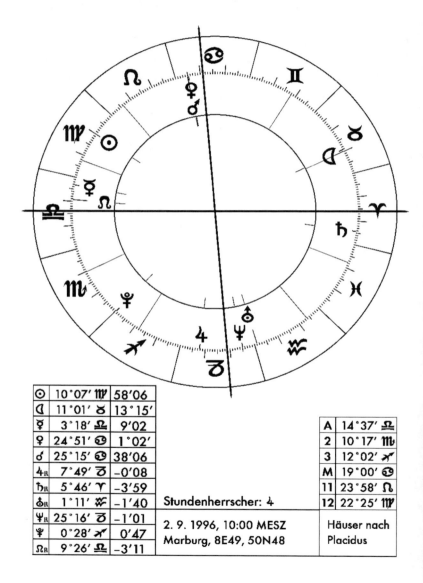

☉	10°07' ♍	58'06
☾	11°01' ♉	13°15'
☿	3°18' ♎	9'02
♀	24°51' ♋	1°02'
♂	25°15' ♋	38'06
♃ᴿ	7°49' ♑	-0'08
♄ᴿ	5°46' ♈	-3'59
♅ᴿ	1°11' ♒	-1'40
♆ᴿ	25°16' ♑	-1'01
♇	0°28' ♐	0'47
☊ᴿ	9°26' ♎	-3'11

A	14°37' ♎
2	10°17' ♏
3	12°02' ♐
M	19°00' ♋
11	23°58' ♌
12	22°25' ♍

Stundenherrscher: ♃

2. 9. 1996, 10:00 MESZ
Marburg, 8E49, 50N48

Häuser nach
Placidus

Horoskop 30
Schwierigkeitsgrad: 3

»Wird es zu einer neuen Begegnung kommen?«

Allgemeine Deutungshinweise zu Partnerschaften
- Siehe auch unter Horoskop 24.
- Freunde (und Arbeitskollegen): 11. Haus
- Oberflächliche Bekanntschaften und Nachbarn: 3. Haus
- Alle Personen, die nicht einem bestimmten Haus zugeordnet werden können: 7. Haus

Interessant an diesem (schwierigen!) Horoskop:
- Die Vereitelung!
- Die Wichtigkeit einer genauen Aspektanalyse

Erörterung der Frage
Eine Frau begegnet an ihrem Arbeitsplatz einem Mann, der die Firma, in der sie arbeitet, besucht. In der kurzen Zeit, in der die beiden sich sehen, funkt es: Liebe auf den ersten Blick! Bevor er sich verabschiedet, verspricht er ihr, bald mit ihr Kontakt aufzunehmen. Die Frau, die von diesem Mann nichts weiß, nicht einmal seinen Namen, fragt: *»Wird es bald zu einer neuen Begegnung zwischen uns kommen?«* (Horoskop 30)

Horoskopanalyse
1. Die Frage
Widerspiegelung
- Venus und Mars im 10. Haus: Liebe am Arbeitsplatz
- Mond in Stier im 8. Haus: Die Frau möchte Sicherheit (Stier), vermutet aber Schwierigkeiten (8. Haus).

2. Signifikatoren und Mond
- Die Fragende: H1 = Venus
- Nebensignifikator (NS) Fragende: Mond
- Der unbekannte Mann: H7 = Mars (Man könnte statt an H7 auch an H3 (einen oberflächlichen Bekannten) denken, aber bei der starken Konjunktion zwischen Venus und Mars im 10. Haus drängt sich Mars als Signifikator für den Mann auf. Zudem zielt die Frage auch auf Liebe und Partnerschaft: Haus 7.)
- Merkur ist Verwandtschaftsplanet für Nachrichten.

3. Aspekte und andere Planetenverbindungen
Die Reihenfolge der wichtigsten Aspekte:
- Mars Opposition Neptun (am 2.9., 10.56 MESZ, auf 25°17' Krebs/Steinbock)
- Venus Opposition Neptun (am 2.9., 19.39 MESZ, auf 25°17' Krebs/Steinbock)
- Venus Konjunktion Mars (am 3.9., 9.33 MESZ, auf 25°63' Krebs)
- Mond Trigon Neptun (am 3.9., 12.14 MESZ, auf 25°16' Stier/Steinbock)
- Mond Sextil Mars (am 3.9., 13.35 MESZ, auf 26°00' Stier/Krebs)
- Mond Sextil Venus (am 3.9., 13.44 MESZ, auf 16°04' Stier/Krebs)

4. Kräfteverhältnisse der Planeten
- Venus und Mars dominieren am MC.
- Neptun dominiert am IC.
- Der Mond ist in Stier zwar erhöht, steht aber schlecht im 8. Haus.
- Merkur, Verwandtschaftsplanet für Nachrichten, ist schwach im 12. Haus und steht zudem kurz vor seiner Rückläufigkeit (am 5.9.). Er wird, bevor er wieder ins Zeichen Jungfrau verschwindet, keine Aspekte mehr bilden.

5. Sonstiges
• Stundenherrscher: Jupiter

Deutung
Ein schwieriges Horoskop! Zwar kommt die verheißungsvolle Konjunktion zwischen Venus und Mars bald zustande, aber beide Planeten bilden zuerst eine Opposition zu Neptun. Normalerweise werden in der Stundenastrologie die Aspekte mit modernen Planeten nicht besonders berücksichtigt, aber in diesem Fall steht Neptun ziemlich stark an einer Achse, was bedeuten könnte, dass er eine neue Begegnung *vereiteln* wird. Auch der schlecht stehende Merkur sagt uns eher, dass der Mann sich nicht mehr melden wird. Andererseits wird der Mond (nach seinem Trigon zu Neptun) hintereinander Sextile zu Mars und Venus bilden. Diese Übertragung des Lichts könnte gegebenenfalls die erhoffte Begegnung bewirken.

Ablauf
Der Mann hat sich nie wieder gemeldet und sich in »neptunischen Nebeln« aufgelöst.

Fazit: Auch das Horoskop hat einen »neptunischen«, ungreifbaren Charakter!

Man sieht hier, wie wichtig es ist, die Aspektanalyse so genau wie möglich durchzuführen. Eine gute Ephemeride oder ein gutes Softwareprogramm, das die Mundanaspekte auflistet, ist unentbehrlich. In meinen Seminaren, in denen ich die Teilnehmer dieses Horoskop habe deuten lassen, wurden die Oppositionen zu Neptun sehr oft übersehen. Dies mag damit zusammenhängen, dass die schöne »Liebeskonjunktion« zwischen Venus und Mars, hoch im Horoskop, sofort ins Auge fällt.

Horoskop 31
»Ist mein Mann in Gefahr?«

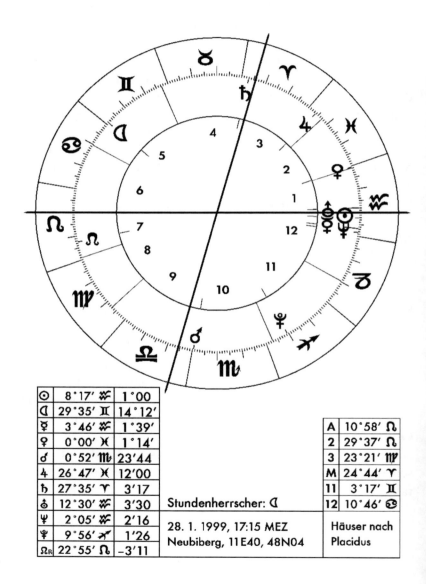

☉	8°17' ♒	1°00
☽	29°35' ♊	14°12'
☿	3°46' ♒	1°39'
♀	0°00' ♓	1°14'
♂	0°52' ♏	23'44
♃	26°47' ♓	12'00
♄	27°35' ♈	3'17
⚷	12°30' ♒	3'30
♆	2°05' ♒	2'16
♇	9°56' ♐	1'26
☊ᴿ	22°55' ♌	-3'11

A	10°58' ♌
2	29°37' ♌
3	23°21' ♍
M	24°44' ♈
11	3°17' ♊
12	10°46' ♋

Stundenherrscher: ☽

28. 1. 1999, 17:15 MEZ
Neubiberg, 11 E40, 48N04

Häuser nach
Placidus

Horoskop 31
Schwierigkeitsgrad 3

»Ist mein Mann in Gefahr?«

Allgemeine Deutungshinweise zu Krankheiten
- Siehe unter Horoskop 26, Seite 192.

Interessant an diesem Horoskop:
- Die Zeitbestimmung
- Die mögliche Bedeutung des Stundenherrschers

Erörterung der Frage
Eine Frau, deren 56-jähriger Ehemann plötzlich einen schweren Herzinfarkt erlitten hat und der jetzt auf der Intensivstation überwacht wird, stellt die Frage, ob ihr Mann in Lebensgefahr sei (Horoskop 31).

Hinweis: Im Grunde geht es hier um eine Frage nach dem Tod!

Horoskopanalyse
1. Die Frage
Widerspiegelung
- H1 (Sonne) an der Spitze des 7. Hauses: Frage über den Ehemann.
- H7 (Saturn) an der Spitze des 4. Hauses des gedrehten Horoskops: Frage über Lebensende.
- H6 des Mannes (Mond) im 5. Haus des Mannes: Herzinfarkt (5. Haus = Herz).

2. Signifikatoren und Mond
- Die Fragende: H1 = Sonne
- Ihr Mann: H7 = Saturn
- Die Krankheit des Mannes: H6 ab 7 = H12 = Mond
- Eventueller Tod des Mannes: H8 ab 7 = H2 = Sonne

3. Aspekte und andere Planetenverbindungen
- Sonne (H1) in applikativer Konjunktion mit Uranus
- Mond im Leerlauf
- Sonne und Saturn in gegenseitiger Rezeption (Sonne im Saturnzeichen Wassermann und Saturn in Widder, in dem die Sonne erhöht ist)
- (Die Opposition Mars/Saturn ist separativ.)

4. Kräfteverhältnisse der Planeten
- Sonne dominierend am DC, aber im Exil
- Saturn dominierend am MC, aber im Fall
- Mars dominierend am IC in seinem Domizil
- Uranus dominierend am DC

5. Sonstiges
- Stundenherrscher: Mond
- Absteigender Mondknoten im 7. Haus

Deutung
Wegen der vielen Planeten an den Achsen und der mehrfachen Widerspiegelung der Frage handelt es sich hier um ein aussagekräftiges Horoskop. Zur gleichen Zeit ist es aber auch schwierig wegen seiner widersprüchlichen Deutungsmöglichkeiten. So kann die Sonne auf zwei Arten gedeutet werden: 1. als H1 (die Frau), 2. als H8 des Mannes (sein Tod). Eine zweite Unsicherheit: Die Opposition Mars/Saturn ist zwar vorbei, aber Mars wird rückläufig und wird im April auf 5° Skorpion erneut die Opposition zu Saturn bilden. Allerdings hat Saturn dann das Zeichen gewechselt, was bedeuten könnte, dass diese zweite Opposition in diesem Fall unwirksam ist.

Ungünstig für den Ablauf der Geschichte sind die folgenden Faktoren:
- Saturn (H7: Ehemann) im Fall
- Sonne (H8 des Mannes) im Exil
- Die gegenseitige Rezeption zwischen Sonne (H8 des Mannes) und Saturn
- Uranus (unerwartete, oft unerfreuliche Ereignisse) an der Spitze des 7. Hauses
- Absteigender Mondknoten im 7. Haus
- Die erneute Opposition Mars/Saturn im April '99
  Günstig sind aber:
- Saturn stark an einer Achse
- Die Opposition Mars/Saturn ist vorbei.
- H6 des Mannes (Mond) ist im Leerlauf, was bedeuten könnte, dass nichts Gravierendes mehr passieren wird.

Der Schlüssel der Deutung liegt höchstwahrscheinlich in der am DC (=AC des Mannes) dominierenden Konjunktion Sonne/Uranus. Der Abstand zwischen beiden Planeten beträgt 4°. Die Sonne hat eine Geschwindigkeit von 1° pro Tag und wird die Konjunktion mit Uranus in vier Tagen bilden. Aufgrund dieser Tatsache habe ich meiner Klientin gesagt: »*Die nächsten vier Tage sind kritisch. Wenn Ihr Mann diese Periode gut übersteht, scheinen mir seine Überlebenschancen gut.*«

Ablauf

Tatsächlich blieb der Zustand des Mannes noch vier Tage lang kritisch; dann gaben die Ärzte Entwarnung. Vielleicht weist auch der Mond im Leerlauf auf diesen Ablauf hin. Der Mond ist schließlich Stundenherrscher und wird damit für die Deutung wichtiger.

Horoskop 32
»Ist der Flug gefährlich?«

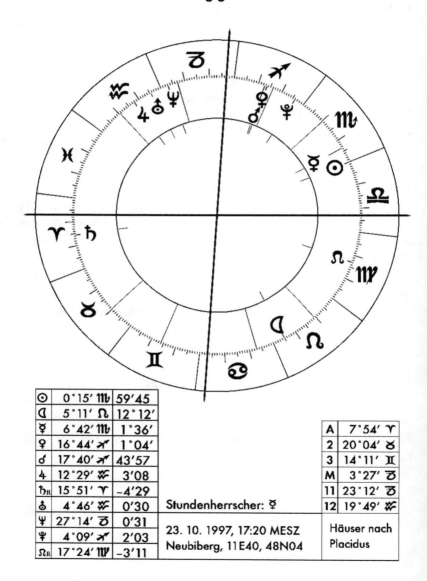

☉	0°15' ♏	59'45			
☽	5°11' ♌	12°12'		A	7°54' ♈
☿	6°42' ♏	1°36'		2	20°04' ♉
♀	16°44' ♐	1°04'		3	14°11' ♊
♂	17°40' ♐	43'57		M	3°27' ♑
♃	12°29' ♒	3'08		11	23°12' ♑
♄℞	15°51' ♈	-4'29		12	19°49' ♒
⚷	4°46' ♒	0'30	Stundenherrscher: ☿		
♆	27°14' ♑	0'31	23. 10. 1997, 17:20 MESZ	Häuser nach
♇	4°09' ♐	2'03	Neubiberg, 11E40, 48N04	Placidus
☊℞	17°24' ♍	-3'11		

Horoskop 32
Schwierigkeitsgrad 3

»Ist der Flug gefährlich?«

Allgemeine Hinweise zu Reisen
- Kurze Reisen: 3. Haus
- Verwandtschaftsplanet für kurze Reisen: Merkur
- Fernreisen, Auslandsreisen: 9. Haus
- Verwandtschaftsplanet für Fernreisen: Jupiter
- Wenn es um eine Urlaubsreise geht, kann das 5. Haus (Freizeit, Erholung) Auskünfte geben.
- Wichtig ist, sich zu erkundigen, mit wem der Fragende verreist: mit dem Partner (H7), mit den Kindern (H5), mit Freunden oder in einer Gruppe (H11) usw. und diese Herrscher in die Deutung einzubeziehen.

Interessant an diesem Horoskop:
- Die überzeugende Widerspiegelung der Frage im Horoskop

Erörterung der Frage
Eine Astrologin hat eine Flugreise nach den Kanarischen Inseln gebucht. Es geht um eine esoterische Urlaubsreise, verbunden mit Seminar, Gruppenmeditationen usw. Als die Frau ihr Flugticket nach Hause geschickt bekommt und sie für die genaue Zeit des Abfluges ein Horoskop berechnet, bekommt sie auf einmal Flugangst: Das Horoskop scheint ihr sehr ungünstig zu sein. Sie ruft mich an und fragt mich: »*Ist der Flug gefährlich?*« (Horoskop 32)

Hinweis: Im Grunde geht es hier um eine Frage nach dem Tod!

Horoskopanalyse

1. Die Frage

Widerspiegelung

- Mars (H1) an der Spitze von 9: Frage mit Bezug auf Auslandsreise
- H1 = H8 (Doppelbeziehung): Frage nach dem Tod
- Mond in 5 in Löwe: Frage mit Bezug auf Urlaub
- H9 in 11: Frage mit Bezug auf Gruppen (11) – Reise (9)
- Saturn in 1: Angst!

2. Signifikatoren und Mond

- Die Fragende: H1 = Mars
- Der Mond ist Nebensignifikator (NS) für die Fragende
- Die Reise: H9 = Jupiter
- Die Gruppe, die gemeinsamen Aktivitäten: H11 = Saturn

3. Aspekte und andere Planetenverbindungen

- Der Mond hat gerade die Opposition zu Uranus gebildet und wird in Löwe noch fünf Planeten aspektieren:
- Mond Quadrat Merkur
- Mond Opposition Jupiter
- Mond Trigon Saturn
- Mond Trigon Mars/Venus
- Mars (H1) in einer engen applikativen Konjunktion mit Venus

4. Kräfteverhältnisse der Planeten

- Mars (H1) steht in Schütze peregrin, aber in einer engen Konjunktion mit dem Wohltäter Venus.
- Jupiter (H9) steht im 11. Haus in seiner Freude, aber in Wassermann peregrin.
- Der Mond steht in Löwe peregrin; zudem steht er sowohl in den Grenzen als im »Gesicht« des Übeltäters Saturn.
- Saturn dominiert in der Nähe des Aszendenten, steht aber in Widder im Fall.

5. Sonstiges
- Stundenherrscher: Merkur
- Uranus und Neptun im 11. Haus

Deutung
Wegen der widersprüchlichen Deutungsmöglichkeiten kein einfaches Horoskop, obwohl man die eigentliche Frage nach der Gefährlichkeit des Fluges ziemlich schnell beantworten kann: Das Flugzeug wird nicht abstürzen. Erstens ist das schon rein statistisch gesehen sehr unwahrscheinlich, zweitens reicht (erfreulicherweise!) ein schlechtes Abflughoroskop zum Absturz nicht aus. Auch das Fragehoroskop ist dazu »nicht schlecht genug«. Man hätte dann viel härtere Aspekte und ungünstigere Konstellationen erwartet als dies der Fall ist. Mars (H1) steht nicht sehr schlecht und wird von der engen Konjunktion mit der Wohltäterin Venus geschützt. Dass das Abflughoroskop der Frau einen Schrecken eingejagt hat, wird von dem gerade stattgefundenen Quadrat Mond/Uranus angezeigt.

Trotzdem ist das Horoskop nicht wirklich günstig, insbesondere nicht was die Gruppenaktivitäten betrifft. Mond in Opposition zu Jupiter (H9) im 11. Haus, Saturn (H11) im Fall, Uranus und Neptun im 11. Haus: Könnten unerfreuliche Überraschungen und chaotische Verhältnisse den Aufenthalt stören? (Oder deutet Neptun vielmehr auf die Spiritualität der Gruppenmeditationen hin?) Der geschwächte Mond im 5. Haus in Löwe: Wird die Reise nicht die gewünschte Erholung bieten? Andererseits sind die letzten Aspekte des Mondes wiederum ausgesprochen gut.

Bei der Besprechung betonte meine Klientin ausdrücklich, dass es ihr bei ihrer Frage nur um ihre Flugangst ginge. In dieser Hinsicht habe ich sie beruhigen können.

Ablauf
Nach der Reise schrieb meine Klientin mir:
»Meine Angst vor dem Flug (der Grund meines damaligen Anrufs) war vollkommen unbegründet. Beide Flüge, Hin- und

Rückflug, waren ruhig und angenehm. Ganz anders mein Urlaubsaufenthalt. Die Insel selbst hat mit sehr gut gefallen. Die Umstände der Unterbringung, des Seminars usw. waren allerdings weniger erfreulich, zum Teil sogar stressig und chaotisch. Trotzdem glaube ich, dass diese Zeit zu meinem Leben gehört und mir etwas sagen will. Nochmals vielen Dank, dass Sie mir geholfen haben, aus meiner Angst ein Stück Mut zu entwickeln.«

Bibliografie

Klassische Astrologie

Weil die Stundenastrologie ein Zweig der klassischen Astrologie ist, empfehle ich jedem, der sich weiter in diese Materie vertiefen will, die Lektüre von wenigstens zwei Werken:

- Claudius Ptolemäus, *Tetrabiblos* (Chiron Verlag)
- Rafael Gil Brand, *Lehrbuch der klassischen Astrologie* (Chiron Verlag, 2000)

Die *Tetrabiblos*, von Ptolemäus im 1. Jahrhundert n. Ch. verfasst, sind das Basisbuch der ganzen westlichen Astrologie. Das Buch handelt zwar nicht von Stundenastrologie, atmet jedoch wie kein anderes Werk den Geist der klassischen Astrologie.

Gil Brands Buch ist im deutschsprachigen Raum *das* zeitgemäße Werk über die klassische Astrologie. Meines Erachtens sollte jeder seriöse Astrologe dieses Buch lesen!

Stundenastrologie

Wer sich weiter in die Stundenastrologie vertiefen möchte, sollte über eine gute (passive) Kenntnis der englischen Sprache verfügen, weil fast alle weiterführenden stundenastrologischen Werke in dieser Sprache geschrieben wurden und werden.

Die »Bibel« der modernen Stundenastrologie ist:

- William Lilly, *Christian Astrology* (1647)
  Dieses Standardwerk ist noch immer (in einer Faksimile-Ausgabe) erhältlich bei Ascella Publications (UK, ISBN 0-948422-00-6). Der Leser muss sich zwar an Lillys Sprache des 17. Jahrhunderts gewöhnen, aber das geht ziemlich schnell, eben weil Lilly nicht nur ein bedeutender Astrologe, sondern auch ein Sprachkünstler war, dessen Englisch sehr transparent und klar ist.

Wer sich trotzdem die Mühe, sich in Lilly einzuarbeiten, nicht machen möchte, dem empfehle ich:

- Olivia Barclay, *Horary Astrology Rediscovered* (Whitford Press (USA), ISBN 0-914918-99-0)
  Es handelt sich hier um ein interessantes, sehr buntes Werk, in dem die Autorin sich als eine ergebene Lilly-Schülerin zeigt. Wer ihr Buch liest, bekommt einen guten Eindruck von der Lilly-Astrologie.

Zeitgemäße deutschsprachige Bücher über Stundenastrologie sind:

- Erik van Slooten, *Lehrbuch der Stundenastrologie* (Ebertin-Verlag, 1994)
- Karen Hamaker-Zondag, *Stundenastrologie (Kailash)*

Elektionen

Das beste deutsche Werk über Elektionen ist das übersichtliche Buch:

- Claudia von Schierstedt, Astrologische Terminwahl (Chiron-Verlag, 1997)

Transite

Wie ich in diesem Buch gezeigt habe, sehe ich mir bei wichtigen Fragen bezüglich Partnerschaft, Gesundheit und Arbeit auch die Geburtshoroskope der Klienten an. Ich untersuche die Verbindung zwischen Fragehoroskop und Radix und betrachte die Frage im Rahmen der laufenden Transite. Eine Hilfe dabei ist mir vor allem:

- Markus Jehle, *Wenn Jupiter auf Mars zugeht ...* (Ebertin-Verlag, 1997)

Jehle zeigt einleuchtend und hilfreich die »unerlöste« und die »erlöste« Form eines jeden Transits und beherrscht dabei die Kunst, sich auf das Wesentliche zu beschränken.

Alphabetisches Register

Allgemeine Deutungshinweise für:
- Arbeit   Seite 169
- Besitz, Kauf und Verkauf   Seite 187
- Immobilien   Seite 205, 97
- Krankheiten und Operationen   Seite 192
- Liebe und Partnerschaft   Seite 182, 211
- Reisen   Seite 219
- Streit, Prozesse usw.   Seite 178
- Verschwundene Menschen, Tiere, Gegenstände   Kap. 10, Seite 102
- Zeitbestimmung   Kap. 9, Seite 93

Antiszien und Contra-Antiszien 65

Applikative Aspekte 64

Aspektbildung 64

Belagerung 86

Breite und Deklination 56

Dekanat (oder »Gesicht«) 80

Dekumbitur 137

Deutungseinschränkungen 43

Dispositoren 76

Domizil 76

Drehung des Horoskops 54

Elektionen 142

Erhöhung 76

Exil 77

Fall 77

Farben 108

Fixsterne 57

»Freuden« der Planeten 83

»Generally accepted measure of time« 93

»Gesicht« (oder Dekanat) 80

Geschwindigkeit der Planeten 84

Glückspunkt 55

Grenzen 79

Häusersysteme 53

Hauptaspekte 64

Horoskop-Ort 53

Kleine Aspekte 65

Konsultationshoroskop 141

Kräfteverhältnisse der Planeten 73

Kritische Grade 87

Langsame Planeten am Ende
  eines Zeichens 72

Männliche Planeten und
  Tierkreiszeichen 84
»Moieties« 66
Mond 65
Mond im Leerlauf 65
Mondknoten 55

Nachthoroskope 75
Nachtplaneten 75
Natur der Planeten und
  Tierkreiszeichen 75

Orben 66
Ortsbestimmung 105

Peregrinität 81
Planeten an Achsen 84
Planeten in eingeschlossenen
  Zeichen 87
Planeten im Leerlauf 88

Rezeption 81
Rückläufigkeit 85

Sammlung des Lichts 64

Separative Aspekte 64
Signifikatorenbestimmung 61
Signifikatorenliste 62-63
Stundenherrscher 113

Taghoroskope 75
Tagplaneten 75
Triplizität 78

Übeltäter 75
Übertragung des Lichts 64
Unglückshäuser 86
»Unter den Strahlen der Sonne«
  85

Verbrennung 85
Vereitelung eines Aspekts 64
Verlorengehen eines Aspekts 64
Verwandtschaftsplaneten 61

»Wann?« (Zeitbestimmung) 93
Weibliche Planeten und
  Tierkreiszeichen 84
Widerspiegelung der Frage 44
Wirkungsdauer von
  Stundenhoroskopen 27
»Wo?« (Ortsbestimmung) 102
Wohltäter 75

Zeitbestimmung 93

Autorenhoroskop

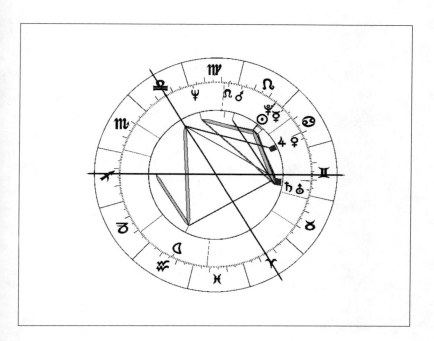

Erik van Slooten hält Vorträge und gibt Seminare in ganz Europa, insbesondere im deutschsprachigen Raum und in Italien.

Information und Kontakt:
  Erik van Slooten
  Walkürenstraße 6 d
  85579 Neubiberg
  Tel. / Fax: (0049) 0 89 – 6 01 50 18
  E-Mail: erikvanslooten@aol.com
  Homepage: www.hometown.aol.com/erikvanslooten

Von Erik van Slooten ist im Ebertin Verlag
außerdem erschienen:

Lehrbuch der Stundenastrologie

Fragen und Antworten aus dem Horoskop des Augenblicks

225 Seiten mit Horoskopabbildungen, kartoniert
ISBN 3-87186-078-6

Die Stundenastrologie ist eine Kunst, die darin besteht, für
einen bestimmten Augenblick ein Horoskop zu stellen und aus
diesem Horoskop Antworten und Entwicklungen auf die gestellte Frage zu erkennen. Das vorliegende Buch ist eine aus-
gezeichnete Einführung in die Kunst der Stundenastrologie. Es
ist aus der Beratungspraxis heraus entstanden und kann sehr
gut zur Beantwortung eigener Fragen und zu Beratungs-
zwecken benutzt werden.
Eine Signifikatorenliste bietet ein umfangreiches Stichwort-
verzeichnis, dem die jeweiligen astrologischen Zuordnungen
zur richtigen Fragenbeantwortung auf einfache Weise zu ent-
nehmen sind.

Ebertin Verlag · Freiburg im Breisgau